Ponte una flor en el pelo y sé feliz

**El dolor es inevitable,
pero el sentirse miserable es opcional**

Bárbara Johnson

Traducción de
Nelda E. de Gaydou

Editorial Mundo Hispano

EDITORIAL MUNDO HISPANO
7000 Alabama Street, El Paso, TX 79904, EE. UU. de A.
www.editorialmundohispano.org

Nuestra pasión: Comunicar el mensaje de Jesucristo y facilitar la formación de discípulos por medios impresos y electrónicos.

Publicado originalmente en inglés por Word Publishing, Irving, Texas, bajo el título *Pain Is Inevitable but Misery Is Optional so, Stick a Geranium in Your Hat and Be Happy!*, © Copyright 1990, por Barbara Johnson.

A menos que se indique otra cosa, las citas bíblicas han sido tomadas de la Santa Biblia: Versión Reina-Valera Actualizada, Editorial Mundo Hispano, © copyright 1989.

Diseño de la portada: John H. Hatton

Primera edición: 2010
Sexta edición: 2017

Clasificación Decimal Dewey: 248.843

Temas: 1. Esperanza
2. Vida cristiana

ISBN: 978-0-311-47024-2
EMH Art. No. 47024

2 M 1 17

Impreso en Colombia
Printed in Colombia

A DAVID[1]

Mi hijo, que me honra llamándome su mejor amiga.
Sus experiencias se combinan con las mías para formar un faro
para padres que están luchando por encontrar alguna esperanza
para sus ilusiones destrozadas.

Hay esperanza para tu porvenir;
tus hijos volverán a su territorio,
dice Jehovah (Jer. 31:17).

---

[1] Llamado "Larry" en este libro, así también como en *Where Does a Mother Go to Resign?* (¿Dónde renuncia una madre?) y *Fresh Elastic for Stretched-Out Moms* (Elástico nuevo para madres vencidas).

Indice

---

*Ashleigh Brilliant, *Pot Shots* (Tiros al azar) No. 519, Copyright Brilliant Enterprises
1974. Usado con permiso.

Reconocimientos

Quiero expresar mi aprecio y agradecimiento a las muchas personas que tan gentilmente compartieron conmigo sus historias, poesías, cartas y otros materiales que aparecen en este libro. ¡Bendiciones por el ánimo y el gozo que generan!

He hecho un esfuerzo diligente por ubicar el autor y la propiedad literaria de todo el material citado en el libro. Sin embargo, porque recibo recortes, notas manuscritas, boletines de iglesia, etc. de amigos y lectores de todo el mundo, muchas veces no tengo cómo identificar la fuente original. Si algún lector conoce la fuente correcta de artículos que están designados como "fuente desconocida", apreciaría que me lo comunicara para poder hacer las correcciones necesarias y dar el reconocimiento apropiado.

Un reconocimiento especial y mi sincero agradecimiento para las siguientes personas y empresas:

Ashleigh Brilliant por su permiso para usar los *Ashleigh Brilliant Epigrams* (Epigramas de Ashleigh Brilliant), *Pot-Shots* (Tiros al azar) y *Brilliant Thoughts* (Pensamientos brillantes) (Brilliant Enterprises, 117 West Valerio St., Santa Bárbara, CA 93101).

Nazarene Publishing House por su permiso para usar *Tunnel Walking* (El camino del túnel) de Robert E. Maner.

Tyndale House Publishers por su permiso para usar poemas de *Lord, I Keep Running Back to You* (Señor, sigo acudiendo a ti); *You Love to Say Yes* (Te encanta decir que sí); y *Lord, It Keeps on Happening and Happening* (Señor, sigue ocurriendo) por Ruth Harms Calkin.

Hallmark, Inc. y American Greetings Corporation por su permiso para usar líneas de sus respectivas tarjetas.

Joyce Henning por su permiso para usar el poema *He'll See Them Home* (Los acompañará a casa).

Shannon Johnson, mi nuera, por sus bocetos y sugerencias creadoras que en última instancia terminaron en los dibujos usados en este libro.

Bárbara Johnson

Prólogo

¿Se puede PONER UNA FLOR EN EL PELO y ser feliz?

Sé que se puede, pase lo que pase. Todos tenemos que soportar dificultades en la vida. A veces podemos avanzar un tiempo sin más que los irritantes comunes y de repente, ¡ZAS! Aparece un problema grande y vivimos una verdadera experiencia-valle. Pero creo que uno crece en los valles porque es ahí donde está todo el abono.

En mi primer libro, ¿*Dónde renuncia una madre?* (Bethany Fellowship, Inc., 1979), escribí acerca de mis propias épocas-valle: el terrible accidente que dejó ciego e inválido a mi esposo durante muchos meses; la muerte de dos hijos, uno en el Vietnam y el otro en una carretera del Yukón, y la homosexualidad de otro hijo que desapareció para adoptar ese estilo de vida por casi once años. He aprendido a acoger las épocas-valle porque he visto cómo madura el carácter en ellas. Y sólo he podido sobrevivirlas con una dieta constante de risa, gozo y esperanza.

Hace unos cuatro años, estaba hablando en una función para vendedores de libros cristianos y decidí terminar la charla con una frase del nuevo libro que acababa de escribir, titulado *Elástico nuevo para madres vencidas* (Fleming H. Revell, 1986). La frase era la siguiente: "La vida no siempre es lo que quisieras, pero es lo que tienes, así que ¡ponte una flor en el pelo y sé feliz!" Por algún motivo esa idea les llegó a los oyentes, que me ovacionaron de pie, plantando la semilla de otro libro para ayudar a las personas que están sufriendo. ¡Y aquí está!

Podemos decidir que vamos a clavar en nuestro corazón las espinas de la desilusión, el fracaso, la soledad y el desaliento de nuestra situación actual, o que vamos a acumular las flores de la gracia, el amor ilimitado, la presencia constante y el gozo sin par de Dios. Yo decido acumular las flores, y espero que tú también lo

hagas. ASI QUE, BUSCA UNA FLOR Y ¡PONTELA EN EL PELO!
Si este libro te ayuda a decidir que prefieres las flores y no las espinas
de la vida, habré cumplido mi propósito.

Gozosamente,
Bárbara Johnson

Capítulo 1

El dolor es inevitable, pero el sentirse miserable es opcional[3]

PERDIDO
PERRO con 3 patas,
ciego del ojo izquierdo,
le falta la oreja derecha,
tiene la cola quebrada y
fue castrado hace poco.   Se
llama "Suertudo".[4]

Hace poco, después de hablar en un retiro femenil, una mujer amorosa se acercó y me dijo: "¡QUE SUERTE tienes, Bárbara! ¡Te has impuesto a todas tus pruebas con tanto gozo y victoria! Ahora puedes viajar por todo el país, vestirte bien, conocer a mucha gente famosa y disfrutar de la fama. ¡Ahora sí tienes todo en orden!"

Me reí y le dije que no creía que existiera la suerte para los cristianos. La suerte no entra a nuestra vida, pero muchas otras cosas sí lo hacen.

Mirémoslo de este modo: En los Estados Unidos, una de cada 500.000 familias perdió un hijo en Vietnam ... somos una de esas familias. Una de cada 800 familias pierde un hijo por un conductor ebrio ... nosotros también lo vivimos. Las estadísticas dicen que una de cada diez familias tendrá un hijo homosexual ... eso ya lo sabemos. Y hace poco me convertí en parte de otra serie de estadísticas, a

---

[3]El título de este capítulo es una expresión usada frecuentemente por Tim Hansel, pero ha tenido un significado especial en mi vida.

[4]Este aviso apareció una vez en la cartelera de un almacén.

saber, que una de cada cuarenta mujeres de edad media desarrollará diabetes adulta.

Diabetes: una nueva experiencia

Esto es algo totalmente nuevo para mí. Aunque no se considera de tanta seriedad como la diabetes infantil, conlleva todas las complicaciones de riesgo de muerte. Me enteré de que tenía diabetes adulta durante un simple examen médico. Hasta ese momento no había tenido síntomas, quejas ni advertencias. Mi médico estaba muy serio cuando me explicó las consecuencias de no seguir sus indicaciones, las que al principio me parecieron ridículas.

Las indicaciones eran de evitar la presión, descansar mucho, limitar los alimentos (eliminando todas esas delicias con azúcar, por supuesto), consumir varias comidas pequeñas todos los días en horarios determinados y pincharme el dedo a diario para seguir de cerca el nivel de glucosa sanguínea (para saber si estoy manteniendo un buen control de la glucosa). Terminó diciéndome:

—Y porque usted no es del tipo de persona que acepta el hecho de tener una enfermedad crónica y debilitante, va a tener que asistir a un grupo de apoyo para diabéticos.

—¿YO? ¿YO ASISTIR A UN GRUPO DE APOYO? Yo CONDUZCO un grupo de apoyo. ¿Por qué habría de IR a uno?

—Sí, —me dijo— ¡de otro modo no se va a dar cuenta de la seriedad del problema y va a seguir descuidándose!

La siguiente semana me vio arrastrar los pies al entrar a una habitación llena de diabéticos en una sala de conferencias de un hospital local. Cuando miré a mi alrededor, vi a unas cuarenta personas y decidí de inmediato que el médico había elegido los casos más devastadores para que se presentaran esa noche, sólo para mi beneficio.

La primera vez me trataron como huésped, así que no tuve que decir nada; sólo tuve que observar. Menos mal, porque lo que vi me dejó casi muda de todos modos. Una mujer tenía gangrena y estaban por amputarle la pierna. Había un hombre que no podía sentir nada en las piernas o los pies. Otra mujer estaba ciega por la diabetes además de tener otras complicaciones.

A medida que se iban revelando las historias, cada una parecía más horrible que la anterior. Todas las complicaciones de la diabetes fueron descritas y parecía que todos los que estaban ahí tenían una o más de ellas. No podía ver la hora de escaparme de esa reunión. ¡Qué grupo tan deprimente! El relato de las complicaciones que podían surgir de esta enfermedad amenazante pintaban el futuro de negro.

La semana siguiente volví a la oficina del médico y le dije lo horrible que era el grupo de apoyo de diabéticos.

—A lo mejor a esa gente le hace falta, pero a mí no. ¿No me puede decir algo POSITIVO para compartir esta noche cuando me toque hablar a mí?

—Bueno —me dijo— tener diabetes es como tener hormigas carpinteras en el cuerpo. Nunca se sabe dónde pueden atacar… podría ser en los riñones, las arterias, la vista, etc.

—¡Eso no es exactamente alentador!

—Bueno, haga de cuenta que el pariente más pesado que tiene ha llegado a vivir con usted de por vida.

—¡Otro CERO a la izquierda! Pero yo tengo que hablar en la reunión de esta noche, y sencillamente tengo que decirles algo positivo a esas pobres almas.

El doctor hizo una pausa y después sonrió.

—Bueno, conociéndola a usted, va a pensar que esto es positivo. Algo bueno de ser diabético es que no se termina en un asilo para ancianos porque generalmente los diabéticos no VIVEN tanto.

—¡Qué noticia fantástica! —dije yo—. ¿Quién quiere terminar en un asilo de todos modos?

Además, mi esposo, Bill, acaba de sacar un seguro con la Asociación Americana de Personas Jubiladas (AARP) para cubrir los gastos de un hogar de ancianos. ¡Ahora puedo cancelar mi parte!

Volví a casa y con gozo le pedí a Bill que cancelara mi parte de esa póliza de la AARP (Asociación para adultos jubilados) y luego me dirigí hacia la reunión del grupo de apoyo de diabéticos del hospital.

Ahí estaban sentados, igual que la semana anterior. No le había crecido una pierna nueva a nadie y no había ocurrido ningún milagro desde la última reunión. Todos estaban sentados en un círculo, verbalizando nuevas quejas y dolores.

Por fin me tocó a mí. Empecé con mi nombre y les dije que sólo estaba en esta reunión porque el médico me había dicho que TENIA que asistir a por lo menos dos reuniones, pero que no volvería después de ésta.

"Hace poco el médico me dijo que tengo diabetes adulta y me advirtió de todas las complicaciones que la acompañan si no me cuido como corresponde. Y aún así no tengo ninguna garantía de evitarlas. Pero volví a verlo hoy, ¡y me dio una noticia realmente fantástica!"

Todas las caras del grupo se animaron un poco y continué: "¡El médico me dijo que no tengo que preocuparme por terminar en un asilo para ancianos porque los diabéticos generalmente no viven tanto!"

En ese momento pude ver que estaban por caerse de las sillas, pero seguí diciéndoles cómo me anima saber que como cristiana tengo una ESPERANZA SIN FIN, no un FIN SIN ESPERANZA. Parecía que el Señor me había llenado con tanto amor para esa gente que sencillamente rebosaba. Les dije que mi salida del mundo sería mi entrada más magnífica en el cielo y que el mundo no tiene ninguna tristeza que el cielo no pueda curar. Mi gozo está en saber que mi futuro está en las manos de Dios y que el cielo está más cercano a mí que una larga vida en un asilo.

Sólo hay una cosa que se puede controlar

Dije mucho más, pero la idea principal era que yo me había propuesto ver lo que me parecía bueno en vez de anticipar todas las complicaciones espantosas que pueden llegar a ocurrir en un momento dado. Después, muchos del grupo me hicieron preguntas acerca de mis ideas sobre la vida porque, evidentemente, hasta entonces nadie había compartido nada alentador con ellos. Les dije que el dolor es inevitable para todos nosotros, pero que tenemos una opción en la manera de reaccionar ante el dolor. No es divertido sufrir; de hecho, puede ser horrible. Todos vamos a sentir dolor, pero el sentirse miserable es opcional. Podemos decidir cómo vamos a reaccionar ante el dolor que nos toca a todos.

Desde que me enteré que tengo diabetes, he leído una docena de libros y hasta he mirado algunos videos para aprender todo lo que pueda acerca de cómo encarar esta enfermedad crónica y debilitante. Lo más importante que aprendí fue que la actitud mental apropiada obra maravillas. Si uno se cuida y hace todas las cosas que deben hacerse para controlarla y para que ella no le controle a uno, se puede vivir una vida feliz y productiva.

Yo no quería tener esta enfermedad, y ciertamente simpatizo con las personas que la han soportado durante muchos años, pero yo me propongo hacer todo lo que pueda para cuidarme y disfrutar cada día que estoy aquí. Constantemente me recuerdo que:

LO UNICO QUE REALMENTE SE PUEDE CONTROLAR
EN ESTA VIDA ES LA PROPIA ACTITUD MENTAL.

Hace poco estuve en Sacramento hablando en un retiro femenil y una mujer alegre y vivaracha en una silla de ruedas se ofreció para ayudarme en la mesa de libros. Se llamaba Mary Jane. Sólo tenía una pierna y me pregunté si la diabetes se habría llevado la otra. Pero ella estaba muy ocupada dando vueltas en esa silla de ruedas, calculando el cambio y dando un trato fabuloso a los clientes que querían comprar mis libros.

Más tarde hablamos y Mary Jane me contó que le habían amputado la pierna por cáncer. Entonces empezó a reír y me dijo que el médico por años le había estado insistiendo en que perdiera peso. Le había dado dietas que siempre fracasaban y cuando finalmente se internó para amputarse la pierna, ella le dijo desde la mesa de operaciones: "¡No se olvide de pesar esa pierna para poder restar el peso en el gráfico!"

¡Qué actitud! Su dolor era inevitable, pero ella eligió una opción que no era sentirse miserable.

También lo hace un hombre que conocí en el correo de La Habra. Este lugar va a aparecer frecuentemente en el libro porque parece que me paso gran parte de la vida ahí. La placa de la matrícula de mi automóvil dice ESPATULA y el otro día cuando estacioné mi coche en el correo vi que la placa de la matrícula del auto al lado del mío decía "CASI RENGO". Pensé: "Qué simpático, el tipo debe tener artritis o algo parecido."

Al salir del auto con los brazos llenos de cintas y libros para enviar por correo le dije:

—¡Me ENCANTA su placa de matrícula!

De repente vi que no tenía piernas. ¡Qué manera de meter la pata! Alguien lo estaba ayudando a salir del auto, pero él me tranquilizó al decir:

—Me alegra que le guste. Mi esposa me dijo que debería conseguir una que dijera "SIN PIERNAS" pero yo prefiero que la gente la disfrute como usted y no que me tenga lástima.

Bill y yo vemos la vida desde distintos puntos de vista

Me encantó la actitud de ese hombre porque es una ilustración muy buena de cómo el dolor es inevitable, pero el sentirse miserable es opcional. No podemos evitar el dolor en esta vida, pero podemos escoger nuestra reacción frente a él. Hace años que estoy tratando de convencer a Bill, mi esposo, amoroso pero melancólico, de que la forma en que se mira la vida puede producir una pizca de gozo o un puñado de depresión.

Hace poco tuvimos problemas con el auto y tuvimos que remolcarlo desde San Diego hasta nuestra casa, una distancia de más de 150 kilómetros, a razón de un dólar por kilómetro y medio. Hasta entonces yo nunca había estado en una grúa y realmente era divertido estar sentada tan arriba mirando cómo pasaban todos los autitos allá abajo. A esa altura yo podía ver todo perfectamente, hasta nuestro auto enganchado atrás. Pero a Bill no le pareció nada divertido. El no lo veía como una aventura. Para él no tenía nada de alegre.

En un esfuerzo por levantarle el humor tan negro y deprimente, exclamé alegremente: "¡Imagínate toda la gasolina que estamos ahorrando!" Para mí, era una experiencia nueva y divertida. Probablemente nunca volveríamos a andar en una grúa, así que, ¿por qué no disfrutarlo ya que teníamos que hacerlo de todos modos? Pero Bill no lo veía de ese modo. Muchas veces vemos la vida desde distintos puntos de vista: Bill ve el vaso medio vacío mientras que yo lo veo lleno y rebosando.

Sin embargo, una de las cosas que me encantan de Bill es que siempre me permite ser genuina. En el capítulo ocho, voy a a explicar cómo Dios juntó nuestras personalidades para equilibrarnos y para formar un equipo de suave andar. ¡Las costumbres constantes y organizadas de Bill son gran parte del éxito de nuestro ministerio!

¿Veinte dólares por dos rosquillas?

Hace unos años —antes de la diabetes y de *realmente* tener que cuidar la dieta— Bill y yo decidimos hacer algo con nuestro problema común de peso: caminar. Por la noche caminábamos hasta la heladería para terminar el día con un cono de helado. Por la mañana caminábamos hasta la confitería para nuestro café y rosquillas calientes habituales. Una mañana llegamos a la confitería en tiempo récord y yo saqué del bolsillo del suéter el billete de veinte dólares que había traído. Bill no traía su billetera y yo había dejado mi cartera en casa porque las carteras pesadas no favorecen una caminata rápida.

Pedimos lo de siempre, y cuando la muchacha lo trajo, puse mis veinte dólares en el mostrador. Tomó el dinero y desapareció en el fondo para buscar crema y servilletas. Cuando volvió, nos pidió dos dólares y cincuenta centavos. No hablaba el inglés muy bien, pero nos hizo entender que esperaba recibir dinero. Le dije que ella acababa de llevarse mi billete de veinte dólares cuando había ido a buscar más crema.

No surtió ningún efecto. Lo único que podía decir era que le debíamos dos dólares y cincuenta centavos, y no parecía "entender" la extraña desaparición de mi billete de veinte dólares. A todo esto había gente entrando por la puerta y formando una cola, toda esperando su café y rosquillas. Bill se estaba poniendo molesto por el lío y trató de ayudarme. Después de todo, él había *visto* cómo la muchacha se llevaba el billete de veinte dólares que yo había sacado. También la había visto otra mujer que había estado sentada cerca.

Pensé: *¿A quién se llama en un momento así?* Bill sugirió que sacara todo de la caja para PROBAR que había tomado nuestro dinero. También pensé en llamar a la policía pero decidí no hacerlo. A lo mejor no nos creerían y no podríamos probar que habíamos puesto el dinero en el mostrador.

Muy avergonzados, llevamos el café y las rosquillas a una mesita y nos sentamos. Empecé a planear cómo salir si seguía insistiendo en que le debíamos dinero. No teníamos más dinero encima. ¿Y si llamaba a la policía y le decía que no podíamos pagar lo que habíamos pedido? Bill ya le había pegado un mordisco y no lo podíamos devolver...

Traté de pasar inadvertida, echándole vistazos a un diario que estaba en el asiento próximo al mío y leyendo los carteles en la ventana, pero Bill seguía quejándose en voz alta, diciendo cosas como: "Nunca me salió tan caro un café con rosquillas: ¡VEINTE DOLARES POR DOS ROSQUILLAS CON CAFE!"

Terminamos las rosquillas y el café y nos fuimos sin que la muchacha tratara de detenernos. Bill siguió refunfuñando en el camino de regreso a casa. Quería que YO llamara a la oficina central de la cadena de confiterías para quejarme de que se habían quedado con nuestro dinero. Todo el camino se quejó de haber pagado veinte dólares por nuestro pequeño pedido. De repente me acordé de que algunos años antes había ENCONTRADO un billete de veinte dólares enfrente de nuestro templo.

—Bill, ¿recuerdas cuando encontré ese billete de veinte dólares al lado del templo hace varios años?

Bill no se acordaba. Pero yo le dije:

—¿Por qué no ver la cosa así? Ese fue el mismo billete de veinte dólares que perdimos hoy, ¡así que en realidad las rosquillas y el café nos salieron GRATIS!

Bill me miró como si fuera una extraterrestre y siguió deprimido por haber perdido ese dinero. Por un par de semanas, su irritación por el episodio fue una nube negra que cubría todo.

Con su temperamento melancólico, sentía resentimiento. No quería volver a la confitería y prefería seguir con la idea de que lo habían perjudicado. Pero yo había decidido que tenía cosas más divertidas para hacer que preocuparme por un billete de veinte dólares perdido, especialmente cuando, desde mi punto de vista, en realidad habíamos conseguido las rosquillas gratis.

Depende de cómo se lo mire

No puedo estar segura de todo el significado espiritual de la historia de la confitería, aparte de recordar que el apóstol Pablo también creía que el sentir gozo o angustia depende de la forma en que se lo mire. Su consejo fue el siguiente: "Todo lo que es verdadero, todo lo honorable, todo lo justo, todo lo puro, todo lo amable, todo lo que es de buen nombre, si hay virtud alguna, si hay algo que merece alabanza, en esto pensad" (Fil. 4:8). Eso es precisamente lo que hice con el billete de veinte dólares. Yo pensé que nuestra experiencia había sido digna de alabanza, pero Bill sintió que habíamos sido estafados.

Así que todo depende de la forma en que decidamos encarar las circunstancias. Podemos buscar las flores o la maleza. Podemos ver el sol o buscar las nubes. Recuerde que:

PUEDE SER TAN FELIZ COMO DECIDA SERLO.

La forma en que se miran las cosas realmente puede cambiar el ambiente del día. Encontré la siguiente historia (fuente desconocida) y la puse en mi boletín, *La línea de amor,* para que la gente vea que puede disfrutar el día, la semana y el año, aun en medio de la tragedia.

El día había empezado mal. Me había quedado dormida y había llegado tarde al trabajo. Cada cosa que pasaba en la oficina me ponía más nerviosa. Para cuando llegué a la parada del autobús para volver a casa, tenía el estómago hecho un nudo gigante.

Como de costumbre, el autobús llegó tarde, y estaba atiborrado de gente. Tuve que pararme en el pasillo. Con cada sacudón que me tiraba para todos lados, mi humor se iba poniendo más y más negro.

Entonces oí una voz profunda desde el frente: "Qué día tan hermoso, ¿no?" Como había tanta gente, no podía ver al hombre, pero podía oírlo mientras seguía haciendo comentarios sobre el escenario primaveral, llamando la atención a cada lugar que estábamos por alcanzar. Este templo. Aquel parque. Este cementerio. Aquella estación de bomberos. En poco tiempo todos los pasajeros estaban mirando por la ventana. El entusiasmo del hombre era tan contagioso que me di cuenta de que estaba sonriendo por primera vez ese día.

Llegamos a mi parada. Maniobrando para llegar a la puerta, pude ver a nuestro "guía": una figura rellena, de barba negra, con anteojos oscuros y un delgado bastón blanco. ¡Increíble! ¡Era ciego!

Me bajé del autobús y de repente desaparecieron todas las tensiones que se me habían acumulado. Dios, en su sabiduría, había enviado a un ciego para ayudarme a ver, a ver que, aunque a veces las cosas van mal, cuando todo parece estar oscuro y triste, el mundo todavía es hermoso. Subí la escalera hasta mi departamento corriendo y tarareando una canción. No veía el momento de saludar a mi esposo con: "Qué día tan hermoso, ¿no?"

Siempre se puede empezar de nuevo

Pienso que todos los días deberían ser días hermosos, un nuevo comienzo. Cuando hablo en seminarios y talleres, muchas veces llevo una caja del jabón *FRESH START* (Comienzo Nuevo) como una ayuda visual para acentuar esta idea. En casa uso *FRESH START* para lavar la ropa y *JOY* (gozo) para lavar los platos. Los dos me recuerdan que siempre se puede hallar gozo en un nuevo comienzo. Cuando lavo la ropa por la mañana, digo: "Gracias, Señor, por poder volver a empezar, por un día que todavía está sin manchar y por un nuevo comienzo." Hasta puedo disfrutar de lavar la ropa porque pienso en empezar de nuevo.

Nunca he conocido a Patricia Liba, pero ella escribió algo acerca del "Día nuevo" que resume exactamente lo que siento:

Me desperté esta mañana para encontrar un cielo nublado, pero el día era nuevo... *un día que nunca había sido vivido.* Me bañé y conté las pequeñas bendiciones, como agua caliente en abundancia y un jabón nuevo. Mientras tarareaba una melodía irreconocible, me acordé de cuánto había disfrutado esa vieja película de vaqueros anoche, comiendo palomitas de maíz. Dejé que mi mente vagara mientras me lavaba el pelo y pensé en nuestra casita, viejita y acogedora, con todos los mejores elementos posibles para producir recuerdos maravillosos. No hay malos recuerdos aquí, aunque muchas de mis cosas una vez pertenecieron a seres queridos que ya no están más. Estas chucherías le dan más significado a la vida y su consuelo y continuidad me acompañan mientras hago mis tareas diarias. Sonreí y cerré el grifo, contenta de que una vez que me secara y vistiera, entraría ... animada y contenta en *mi día que nunca había sido vivido.*

Reimpreso de *Sunshine Magazine*

Pienso en las palabras de Patricia cada vez que me baño por la mañana. Uso el jabón Dove (Paloma) y pienso en cómo el Espíritu

Santo nos limpia y nos refresca, limpiándonos por dentro y por fuera. Estoy encarando un día nuevo, un día que nadie ha arruinado todavía. No ha pasado nada y es todo un día nuevecito que puedo disfrutar. Es un día que no ha sido vivido pero yo lo voy a vivir con ganas. Me encanta el cartelito que está en el escritorio de un amigo que trabaja en una casa fúnebre:

CUALQUIER DIA ARRIBA DEL SUELO
ES UN BUEN DIA.

No tengo todas las respuestas sobre la vida, pero conozco a alguien que sí las tiene. Quiero vivir como si Cristo hubiera muerto ayer, hubiera resucitado hoy y volviera mañana.

¿Soy demasiado alegre?

A veces me encuentro con personas que piensan que soy demasiado alegre, que estoy evadiendo la realidad e ignorando los aspectos dolorosos de la vida. Pero yo sencillamente les digo que no estoy ignorando los hechos: los estoy mirando, pero estoy tratando de encontrar gozo en vez de infelicidad.

Todos sabemos que hay 365 días en el año, pero yo creo que sólo hay tres días que nos deberían preocupar. Y no podemos hacer nada acerca de dos de ellos: ayer y mañana. Ayer es un cheque cobrado y mañana es un pagaré. Pero hoy es efectivo, listo para usar para vivir, y por eso digo que nos despertemos y nos regocijemos y aprovechemos el NUEVO COMIENZO. No hay errores, no ha pasado nada y nadie ha metido la pata, ¡tenemos el día presente! ¡Tenemos otra oportunidad!

Si se puede pasar varios días así, en poco tiempo se cumple una semana y tal vez hasta un mes en el cual uno se ha regocijado cada día sin preocuparse por el pasado. Y si se confía en Cristo, por cierto que no hace falta preocuparse por el futuro. Me gusta el consejo de la Biblia: "...que sea la persona interior del corazón, en lo incorruptible de un espíritu tierno y tranquilo. Esto es de gran valor delante de Dios" (1 Ped. 3:4).

Eso me hace pensar en una carta que recibí de una mujer extraordinaria que ha pasado por uno de los períodos más largos de sufrimiento que conozco. Me escribió una nota para animarme porque sabe que la mía es una historia continuada, al igual que la suya. En la nota, dijo algo que espero que cada lector de este libro pueda comprender, aprender, recordar y aplicar en esos días cuando uno se siente vacío y gastado ... completamente agotado ... cuando piensa que no puede seguir ni un día más ... cuando quiere renunciar y no sabe adónde ir ... cuando realmente quiere darse por vencida y olvidarse de todo. En días como esos recuerde esto:

NO PODEMOS PERMITIR QUE NUESTRAS CARGAS IMPIDAN NUESTRO PROGRESO.

Qué fácil es paralizarse con el dedo pegado en el botón del pánico, atrapados en nuestra propia congoja y pena, sin poder ayudar a nadie, ni siquiera a nosotros mismos. Muchas de las llamadas que recibo reflejan la parálisis que les sobreviene a los padres que están sufriendo al descubrir que sus hijos toman drogas, son homosexuales o están metidos en algún otro lío. Están en la etapa del *shock*. El trauma es devastador. Nunca han sentido tal dolor. Es un dolor intenso; están quebrantados y piensan que nunca volverán a estar sanos. Van a tener que acostumbrarse a vivir con esa sensación por un tiempo.

Tal vez tú también estás pasando por ese tipo de experiencia. No hay respuestas fáciles, no hay maneras sencillas de aliviar el dolor, pero *nunca permitas que tus cargas impidan tu progreso.* Es cierto, estás sufriendo, junto con otros cientos y miles. Pero llegará el progreso cuando extiendas la mano de debajo de tu carga e intentes aliviar la carga de otro. Intenta hacer algo por otra persona que también está luchando con su carga. Sal de ese estado paralizado con amor, derrite el pánico y no dejes que tus propias cargas te sigan inmovilizando.

Por eso estoy escribiendo este libro. Ya he mencionado las tragedias que creo que me dan las credenciales para poder compartir contigo. Cuento esa historia en mi primer libro, *¿Dónde renuncia una madre?* (Bethany House, 1979). Voy a repetirla en forma abreviada en los próximos dos capítulos, compartiendo algunas cosas que no puse en el primer libro y describiendo algunas cosas que he aprendido y que sigo aprendiendo mientras mi esposo Bill y yo manejamos ESPATULA, un ministerio especial, diseñado para despegar a los padres del techo cuando se enteran de que tienen un hijo homosexual o cuando tienen que encarar la pérdida de otra ilusión en la familia. La lista de padres que reciben nuestro boletín, *La línea de amor,* tiene miles de nombres. También trato de hablar en donde pueda —en persona o por televisión o por radio— para animar a los padres que realmente están sufriendo porque sus hijos los han desilusionado.

La vida no da tiempo para ensayos

Una vez, cuando estaba hablando con Al Sanders en una de sus emisiones "Vox Pop" por radio, él citó algo de Ashleigh Brilliant que yo digo con mucha frecuencia: "Mi vida es una actuación que nunca pude ensayar."[5] Entonces me preguntó:

—¿Por qué dice eso?

Le contesté lo siguiente:

—Repentinamente la vida ha ocurrido. No tuve oportunidad de prepararme para las cuatro tragedias que sufrió nuestra familia en el espacio de nueve años. Pero creo que cuando le hablo hoy, tengo credenciales porque he conocido los abismos. He pasado por las tragedias, pero ahora tengo mucho gozo. Quiero inyectar ese gozo y ese humor y esa esperanza en la gente que está escuchando.

Cada día es tan precioso que no tenemos tiempo que perder. Algunos días pueden traer dolor, pero siempre podemos elegir entre la infelicidad y el gozo. El secreto es vivir un día a la vez y tomar las decisiones correctas en el camino. Ralph Waldo Emerson fue un pensador sabio y uno de los mejores consejos que le dio al mundo fue el siguiente:

> Completa cada día y termina con él. Hiciste lo que pudiste. Sin duda algunos errores y absurdos se han entrometido; olvídalos cuanto antes. Mañana es un nuevo día; empiézalo bien, con serenidad y con demasiada alegría para molestarte por tus tonterías pasadas. Hoy es todo lo bueno y hermoso. Es demasiado precioso, con sus esperanzas e invitaciones, para gastar un momento en el ayer.

Hace unas semanas estaba charlando por teléfono con el doctor Walter Martin acerca de unos problemas que estaba teniendo para enviar unos libros al Canadá, donde iba a dar una conferencia bíblica. Había estado en su clase de estudio bíblico por años y él había escrito la introducción a mi primer libro, ¿Dónde renuncia una madre? A través de los años también me han alentado mucho sus casetes. Me dio unos consejos de cómo resolver el problema del envío de los libros y después, como yo sabía que él tiene diabetes, le conté que a mí también me la habían diagnosticado. Cuando le hice el chiste de que probablemente nunca tendríamos que terminar en un asilo, se rió y me dijo:

---

[5]Ashleigh Brilliant, *Pot -Shots* (Tiros al azar) No. 1318, copyright Brilliant Enterprises 1977. Usado con permiso.

—En ese caso, tal vez debería vender mi parte en un hogar de ancianos en el este del país.

Nos reímos un poco más y le conté de este libro, que estaba en proceso de escribirse.

Diez días después de nuestra conversación telefónica, el doctor Walter Martin estaba cantando alabanzas ante el trono de Dios. Un ataque cardíaco repentino, inexplicable y ¡ya no estaba más! La vida es muy frágil para todos nosotros. ¡Qué importante es tomar decisiones que cuentan para la eternidad! La eternidad nos espera a todos, pero si podemos aceptar el dolor que viene en esta vida y decidimos reaccionar en forma positiva, podemos evitar la angustia. ¡Siempre tenemos la opción de elegir el GOZO!

Pensamientos adicionales

EL POZO

Un hombre cayó en un pozo y no podía salir.
Una persona SUBJETIVA se acercó y dijo:
"Me identifico con tu situación."
Una persona OBJETIVA se acercó y dijo:
"Es lógico que alguien haya caído ahí adentro."
Un FARISEO dijo:
"Sólo la gente mala cae en un pozo."
Un MATEMATICO
calculó cómo se había caído en el pozo.
Un PERIODISTA
quería la historia exclusiva del pozo.
Un FUNDAMENTALISTA dijo:
"Mereces estar en el pozo."
Un RECAUDADOR DE IMPUESTOS
preguntó si estaba pagando los gravámenes por el pozo.
Una persona AUTOCOMPASIVA dijo:
"¡No es nada comparado con MI POZO!"
Un CARISMATICO dijo:
"Sólo confiesa que no estás en el pozo."
Un OPTIMISTA dijo:
"Las cosas podrían estar peores."
Un PESIMISTA dijo:
"¡Las cosas van a empeorar!"
JESUS, viendo al hombre, lo tomó de la mano y LO SACO del pozo.

Fuente desconocida

* * * * * *

¿TE SIENTES DEPRIMIDO?

Recuerda que detrás de cada nube oscura y tormentosa…
hay un peinado arruinado y gusanos en la vereda.

Shoebox Greetings

* * * * * *

Es como si tuvié-
ramos que usar bi-
focales para nues-

tra actitud ante la vida en el
mundo. Debemos ver claramente
la tarea inmediata y hacerla bien y
con fortaleza, pero también debemos tener
visión a larga distancia para estar conscientes de la
perspectiva de Dios y de la relevancia de su obra en nuestra vida.

Tomado del boletín de un oftalmólogo

DECISIONES PARA EVITAR LA ANGUSTIA

Decide amar, en vez de odiar.
Decide sonreír, en vez de fruncir el ceño.
Decide construir, en vez de destruir.
Decide perseverar, en vez de rendirte.
Decide alabar, en vez de chismear.
Decide sanar, en vez de herir.

Decide dar, en vez de tomar.
Decide actuar, en vez de demorar.
Decide perdonar, en vez de maldecir.
Decide orar, en vez de desesperar.

Fuente desconocida

* * * * * *

NO OLVIDES

La vida consiste en un 10 por ciento de cómo se la planea...
y en un 90 por ciento de cómo se la toma.

Puedo con cualquier crisis, soy madre

*La maternidad está llena de
frustraciones y desafíos...
pero finalmente llegan a adultos y se van de casa*

Shoebox Greetings

La mayoría de las madres no sentimos que merecemos todos los versos floridos y los panegíricos que nos dedican en el Día de la Madre, pero sabemos que ese día es significativo para nuestra familia. En el mes de mayo, el boletín *La línea de amor* está dedicado a las madres, recordándoles que:

SI FUERA FACIL CRIAR HIJOS,
NO EMPEZARIA
CON DOLORES DE PARTO.

Fuente desconocida

Pero eso es la maternidad: dolores de parto de amor. Una de mis historias favoritas (y no tengo idea de dónde vino originalmente) es acerca de cómo el amor de la madre dura más que cualquier otra cosa. Parece ser que un ángel salió del cielo y se pasó el día rondando por la tierra. Al ponerse el sol, decidió que quería llevarse algunos recuerdos de su visita. Vio unas hermosas rosas en un jardín. Recogió las más excepcionales y las más bellas e hizo un ramo para llevarlo al cielo.

Mirando un poco más allá, vio a un hermoso bebito sonriéndole a la madre. La sonrisa del bebé era todavía más hermosa que el ramo de rosas, así que también se la llevó. Estaba por irse cuando vio el amor de la madre derramándose como un río hacia la cunita del bebé y se dijo: "El amor de esa madre es lo más hermoso que he visto en la tierra; voy a llevarme eso también."

Volvió volando al cielo, pero al llegar a las puertas de perla decidió examinar los recuerdos para ver cómo habían soportado el viaje. Las flores se habían marchitado y la sonrisa del bebé se estaba desvaneciendo, pero el amor de la madre todavía mantenía toda su calidez y belleza. Descartó las flores marchitas y la sonrisa desteñida, juntó a todas las huestes del cielo a su alrededor y dijo: "Aquí está lo único que encontré en la tierra que pudo mantener su belleza durante todo el camino hasta el cielo: el amor de una madre."

Me gusta esa historia porque simboliza mucho de lo que ser madre ha sido para mí. Las rosas y la sonrisa del bebé me recuerdan un poema que oí una vez sobre "Decirlo con flores":

> Una rosa puede decir te quiero
> Una orquídea puede encantar
> Pero un ramo de yuyos en un puñito...
> ¡No deja nada que desear!

Esos puños infantiles llenos de yuyos y las sonrisitas tímidas me dieron algunos hermosos días de la madre, pero después los ramos y las sonrisas se desvanecieron. Mi amor por la familia tuvo que absorber una cantidad increíble de pena y dolor. Cuatro tragedias nos golpearon en un período de nueve años y cualquiera de ellas hubiera bastado para hundirnos.

"Su esposo será un vegetal"

El primer golpe llegó en 1966 cuando Bill y yo íbamos a ser consejeros para el grupo de jóvenes de nuestra iglesia en un centro de conferencias en las montañas de San Gabriel. Bill fue primero esa noche, llevando las provisiones, y yo pensaba seguirlo en mi auto después de buscar algunas cosas de último momento. Nuestros dos hijos mayores, Steve y Tim, iban a ir al campamento en autobús con el grupo de jóvenes, mientras que Larry y Barney, nuestros dos hijos menores, iban conmigo. Así partimos hacia nuestra gran aventura.

No se había usado el oscuro camino montañés durante los meses de invierno, pero había sido abierto especialmente para que nuestro grupo pudiera pasar para un retiro antes de la Pascua. A unas diez millas del campamento, encontré a un hombre tirado en medio del camino, cubierto con sangre y vidrio. La única razón por la que supe que era Bill fue la ropa. Sabía que pronto vendrían otros autos detrás de mí, así que dejé a uno de los niños en el camino con Bill mientras yo fui en auto las diez millas hasta el campamento para llegar al teléfono y pedir una ambulancia.

Pasaron casi dos horas antes de que Bill llegara al hospital, pero de algún modo seguía vivo a pesar de heridas en la cabeza que dejaban expuesto parte del cerebro. Evidentemente, el auto de Bill había chocado contra unos escombros en el camino y había rodado.

Los acontecimientos del siguiente par de días están borrosos en mi mente, pero sí recuerdo a un neurocirujano y a un oftalmólogo que me llamaron a su oficina para explicarme la condición de Bill. Los nervios craneales estaban dañados, su visión había desaparecido y estaba sufriendo ataques de "epilepsia traumática". Era su opinión que nunca podría volver a funcionar dentro de la unidad familiar porque sería como un vegetal, sin visión y sin memoria.

No lo podía creer. Dos días antes habíamos sido una familia feliz con cuatro hijos agradables y ningún problema digno de mención. Ahora de repente me encontraba con la responsabilidad de criar sola a cuatro varones: dos adolescentes y dos menores de doce años.

Cuando a Bill lo dieron de alta del hospital local, no podía ver y no reaccionaba ante ninguno de nosotros. De hecho, casi no se movía, y parecía que los médicos habían tenido razón: sería un vegetal.

Yo sabía que tenía que empezar a buscar ayuda económica, así que llamé a un amigo para que se quedara con Bill mientras yo salía a buscar ayuda con cualquier programa disponible. Primero fui a la oficina de Ayuda para el Ciego; le dieron un bastón gratis a Bill. Eso fue un comienzo. Después empecé a buscar ayuda en serio con la Administración de Veteranos porque Bill había sido un teniente en la Marina y podría recibir beneficios. Me dijeron que el personal médico tendría que examinarlo para determinar el nivel de incapacidad.

Unos días después llevé a Bill conmigo. Cuando el comité médico de la Administración de Veteranos lo examinó a él y su récord médico, opinó, al igual que los otros médicos, que nunca volvería a funcionar normalmente. Me dijeron que en cuanto hubiera una cama disponible en el Hospital Sawtelle de Veteranos se la darían a él porque reunía los requisitos para vivir allí. No les dije que eso no era de ninguna manera lo que yo tenía en mente.

Después me puse en contacto con la oficina del Seguro Social para que iniciara los pagos por incapacidad para Bill, así como de ayuda para nuestros cuatro hijos y para mí. Después de ir varias veces más a la Administración de Veteranos y al Seguro Social para determinar los pagos, también hice reclamos de seguros porque se había determinado que Bill estaba permanentemente incapacitado. El seguro del préstamo de la casa se encargó de lo que debíamos por ella. La póliza de seguro de vida, que tenía una cláusula que cubría daños personales, le pagó 20.000 dólares a Bill por la pérdida de la vista, 10.000 por cada ojo. Para la compañía de seguros, Bill estaría ciego de por vida y le correspondía la cantidad total.

Todo esto llevó tiempo y energía. Era un desafío aprender cómo arreglármelas y obtener la ayuda de estas agencias. Apenas acababa de conseguir la ayuda de la Administración de Veteranos, el Seguro Social por incapacidad, la Ayuda al Ciego y las pólizas del seguro cuando... ¡DIOS LO SANÓ! No fue una sanidad inmediata, pero durante todos esos meses que yo había estado tratando de conseguir ayuda económica, Bill lentamente había ido recuperando la fuerza, y su vista le volvió milagrosamente, y también las facultades mentales. Una de las primeras señales de que algo bueno estaba pasando fue que Bill empezó a hacerme preguntas como: "¿Quién es usted? ¿Trabaja aquí?"

La recuperación de Bill fue tan completa que empezó a considerar volver a trabajar. Aquí tenía yo todos esos hermosos cheques que llegaban regularmente, ¡y ahora tenía que resolver cómo SALIR de todos esos programas! Hubo momentos en los cuales me pregunté por qué Dios no podría haber sanado a Bill antes de que yo hiciera todo ese trabajo. Si a ti te parece que es difícil ENTRAR en esos programas, ¡deberías intentar SALIR de ellos! No se puede sencillamente llamar a la Administración de Veteranos y decirles: "Hola, ¿se acuerdan de mi marido, el que dijeron que no se podría rehabilitar? Bueno, ya no está ciego, se le pasó el daño del cerebro, ya no tiene ataques y va a volver a trabajar como ingeniero."

La Administración de Veteranos me dijo que llevara a Bill de vuelta a la oficina y sus médicos decidirían si se le cancelaría o no la incapacidad. Nuestro médico nos acompañó, y cuando los médicos de la Administración de Veteranos examinaron a Bill, no podían creer que era el mismo paciente que habían declarado incapacitado sólo un año antes. Nuestro médico, un cristiano vital, trató de explicarles que la recuperación de Bill se debía a que Dios había tocado su vida, algo que a los que no han experimentado la mano sanadora de Dios les cuesta entender.

Una agencia que no le dio luz verde a Bill fue el Departamento de Vehículos Automotrices. Estaban muy convencidos de que no era muy sabio devolverle el carné de conductor a alguien que ha estado

ciego y ha tenido daño cerebral, ataques y cosas por el estilo.
Cuando Bill volvió a trabajar, yo tuve que llevarlo y traerlo todos los
días porque nadie en el DVA quería darle el examen práctico para
que pudiera obtener el carné

Bill no pudo conseguir su carné de conductor por muchos meses,
y aunque era pesado tener que llevarlo, nuestra vida estaba
empezando a normalizarse. Sentíamos que Dios es el que se
especializa en tomar cuerpos quebrados y mentes fracturadas para
volver a poner las cosas en su lugar. La palabra restaurar significa
"volver a su lugar," y en efecto, Dios realmente nos había restaurado
en esos dos años después del accidente de 1966.

Y después Steve se fue al Vietnam

Mientras Bill se estaba curando, la guerra del Vietnam se estaba
intensificando y nuestro segundo hijo, Steve, que por esa época tenía
diecisiete años y estaba en el último año de la escuela secundaria,
empezó a sentirse inquieto. Muchos de sus compañeros ya se habían
alistado en la Marina y él también quería ir. No le gustaba estudiar y
la escuela era un suplicio para él. En contra de mi voluntad firmé los
papeles que le permitieron entrar a la Marina de los Estados Unidos
pocos meses antes de que cumpliera los dieciocho años. Steve era
cristiano y ése era mi consuelo cuando partió para el entrenamiento.
Cuando se alistó, pensamos que el asunto del Vietnam se estaba
acabando, pero para cuando terminó el entrenamiento básico, había
comenzado en serio y él nos dijo que lo mandarían al Vietnam en
marzo de 1968.

Recuerdo el viaje que hice sola con Steve al Campamento
Pendleton el día que se fue. Era el Día de San Patricio y paramos
para almorzar en un lugar que estaba todo decorado para la fiesta.
Normalmente yo lo habría disfrutado, pero estaba callada y sin
muchas ganas de reírme.

Llegamos temprano, así que tuvimos tiempo para subir por un
camino empinado que lleva a un templo extraordinario en San
Clemente, cerca del Campamento Pendleton. Tiene una vista
espectacular del océano y aunque era un día triste con nubes bajas y
niebla, tengo recuerdos imborrables de estar junto al templo,
mirando el océano tempestuoso al pie del precipicio. Oramos juntos
al lado del templo y lentamente hicimos el último trecho de nuestro
viaje a la base marina.

En mi mente tengo un video de Steve tirándose la bolsa de lona
de la Marina encima del hombro ..., dándose vuelta y saludando ... y

después desapareciendo más allá de los portones del Campamento Pendleton.

Las cartas frecuentes que nos mandaba del Vietnam reflejaban el crecimiento espiritual que había surgido en su vida. Cuando uno es cristiano y los compañeros están cayendo a su alrededor en la batalla, lo único que queda es la fe en Dios.

Aunque murió el 28 de julio de 1968, no fue sino hasta tres días después que un auto marcado "Marina de los Estados Unidos" se acercó a nuestra casa. Dos jóvenes infantes de Marina vestidos de gala llegaron a la puerta para decirnos que Steve y todo su pelotón habían muerto en una batalla cerca de Da Nang.

Cuando un ser querido está en una situación peligrosa, como Steve, se vive con una aprensión y un temor constantes, pero de algún modo, cuando finalmente sucede, es como un "alivio", algo que se acaba. Ciertamente, la vida de Steve se había acabado.

Unos diez días después recibimos una llamada de una casa fúnebre en nuestra vecindad y una voz masculina dijo: "Señora de Johnson, va a tener que venir a identificar el cuerpo de Steve, porque cuando una persona muere en el extranjero, la ley dice que el cuerpo tiene que ser identificado."

Como Bill ni siquiera estaba manejando todavía, decidí evitarle esa horrible situación y fui sola a la casa fúnebre un día de agosto que hacía más de 40 grados. Un hombrecito de traje oscuro me hizo pasar a una sala y se quedó esperando mientras yo miraba la caja herméticamente sellada y trataba de determinar si la cara hinchada y marrón era la de mi hijo. Había estado boca abajo en un arrozal por dos días antes de que lo encontraran. Sólo me mostraron la parte superior, ni siquiera podía estar segura de que quedara algo más abajo del cinturón. El hombrecito seguía parado ahí, y finalmente decidí que debía de ser Steve. Firmé el papelito que decía, en efecto: "Este muchacho pertenece a esta caja."

Al salir de esa casa fúnebre, pensé: *Seguramente ahora hemos apurado la copa de sufrimiento. Bill volvió a la normalidad, bueno, casi. Todavía ve películas viejas de John Wayne una y otra vez y piensa que no las ha visto antes, y se olvida de los cumpleaños y de los aniversarios ... pero supongo que muchos hombres hacen eso ... y ahora hemos perdido un hermoso hijo que es nuestro depósito en el cielo.*

El servicio conmemorativo de Steve incluyó el canto congregacional de "Salvo en los tiernos brazos", el himno que cantó nuestra iglesia cuando él se fue al Vietnam. Hicimos imprimir un boletín con una fotografía de Steve en la tapa, el mensaje del servicio conmemo-

rativo adentro y el plan de salvación al dorso. Y empezamos a com-
partirlo con otras familias que habían perdido hijos en el Vietnam.
Pudimos conseguir nombres en el periódico *The Los Angeles Times*,
que imprimía una lista de los jóvenes muertos en Vietnam todos los
días. Mandamos el boletín de Steve a estas familias porque sentimos
que era una oportunidad de compartir nuestra convicción de que,
como cristianos, tenemos una esperanza sin fin porque conocemos a
Jesucristo.

Tim llamó desde el Yukón, a cobro revertido

Los siguientes cinco años pasaron rápidamente. La guerra en el
Vietnam finalmente terminó y empezamos a sentirnos sanados de la
pérdida de Steve.

Tim, nuestro hijo mayor, tenía veintitrés años. Había terminado
sus estudios universitarios y se había graduado de la Academia Policial
de Los Angeles en Junio de 1973. El y su amigo Ronald habían
decidido tomarse unas vacaciones largas, así que se fueron en auto a
Alaska, donde pensaban pasar varias semanas ganándose unos
dólares haciendo algunos trabajos temporarios de verano para
después regresar a principios de agosto para cumplir con sus deberes
otoñales.

Debo decirles que, aunque Tim era buen mozo y amoroso, no
era precisamente divertido. El hecho de que trabajara en la Funeraria de Rose Hills, mientras hacía sus estudios universitarios, dice
mucho. Su forma de divertirse —y esa era la máxima diversión para
Tim— era traer las cintas de los ramos fúnebres y usarlas para
decorar a nuestros dos perros y al gato. Estas cintas tenían mensajes
como "Que en paz descanse" o "Que Dios bendiga al abuelo Hiram".
Cuando yo volvía a casa y encontraba a todas las mascotas decoradas
con cintas fúnebres, sabía que Tim se estaba "divirtiendo" otra vez.

Después de llegar a Alaska, Tim escribió acerca de sus nuevos
amigos y también mencionó que se había bautizado. Eso hirió un
poco mis sentimientos porque ya había sido bautizado en nuestra
iglesia y a mí me parecía que nuestra agua era buena, pero detecté
nuevas dimensiones espirituales en las cartas de Tim, diferentes a las
del muchacho que habíamos conocido en casa.

El 1 de agosto de 1973 recibí una llamada por cobrar de Tim.
Siempre me ha gustado comenzar un mes nuevo. Cambio las sába-
nas, me baño, voy a la peluquería y hacemos algo especial para
DIVERTIRNOS el primer día de cada mes. Por supuesto que también
hago estas cosas en otras ocasiones, pero siempre celebro el primero
en forma especial.

La primera pregunta de Tim fue:

—¿Qué estás haciendo hoy, mamá, para celebrar el primero del mes?

La respuesta no se hizo esperar:

—Bueno, tenía la ESPERANZA de que llegara una llamada tuya por cobrar.

Tim siguió hablando:

—Ronald y yo estamos en camino de regreso. Deberemos llegar en unos cinco días y no puedo ver la hora de contarte lo que el Señor ha hecho en mi vida. Tengo un brillo en los ojos y estoy caminando en el aire y sé que el Señor va a usar mi historia por todas partes.

No pude dejar de notar que Tim tenía un aire animado en la voz; era diferente del tono conservador, bien modulado que me era tan familiar, uno que pocas veces había mostrado mucho entusiasmo por algo. Qué lindo pensar que estaría de vuelta en cinco días para compartir con nosotros todo lo que había pasado para cambiar a un joven callado y tranquilo de veintitrés años en un cristiano animado y vivaz.

La llamada de Tim llegó alrededor del mediodía y después me puse a pensar en todos mis esfuerzos para insertarlo en actividades cristianas. Una vez hasta lo había sobornado con un juego nuevo de neumáticos para que fuera a una conferencia de Juventud para Cristo. Pero no importaba lo que hiciéramos, Tim jamás tomaba apuntes ni parecía sentir interés alguno. Sólo seguía la corriente pero nunca se animaba ni se entusiasmaba... ¡hasta AHORA!

Esa noche durante la cena les estaba contando a Bill y a nuestros otros dos hijos, Larry y Barney, acerca de la llamada que me había hecho Tim unas horas antes. Estábamos riéndonos y disfrutando lo que Tim había dicho, cuando sonó el teléfono. Era un oficial de la Policía Montada Real de Canadá llamando desde White Horse, Yukón. Era difícil oír todo lo que estaba diciendo, pero las palabras que llegaban a través de la interferencia en la línea salieron así: MUCHACHOS BORRACHOS EN UN CAMION DE TRES TONE-LADAS... CRUZARON LA LINEA DIVISORIA... CHOCARON AL AUTITO DE TIM DE FRENTE... TIM Y SU AMIGO, RONALD, MURIERON... NECESITAMOS QUE NOS DIGAN QUE PLANES QUIEREN HACER PARA EL ENTIERRO.

¡Tim y Ronald habían entrado directamente a la presencia de Dios! Aturdida, pensé: *¡Pero no puede SER! Recién estuve hablando con él hace unas pocas horas y él estaba en camino para compartir su historia con nosotros. ¡Iba a estar de vuelta en cinco días! ¡No puede ser! ¡Ya tengo UN depósito en el cielo!*

¡No necesito DOS! Tim es nuestro primogénito, un don especial. ¡No es JUSTO!

Me puse furiosa pensando en cómo nos podía pasar esto a nosotros... ¡otra vez! ¿No habíamos sufrido lo suficiente? ¿Cómo podía permitir Dios que esto ocurriera cuando Tim estaba tan entusiasmado por volver a casa para contarnos de su maravillosa experiencia espiritual?

Unas horas después recibimos una llamada del pastor de la iglesia en Alaska a la cual Tim había asistido durante el verano. Dijo: "No vamos a dejar que la historia de esos muchachos muera en el Yukón. Queremos mandar a varias personas para que compartan lo que realmente pasó en su vida."

Le agradecí y le dije que le haría saber la fecha del servicio conmemorativo de Tim. Con el dolor que sentía, su oferta me reconfortó. Más tarde, durante el servicio conmemorativo, nos dijo lo que había pasado para darle a ese muchacho aburrido y conservador una personalidad chispeante y brillante, entusiasmada por las cosas espirituales. Tim había vuelto a dedicarle su vida al Señor y su amigo Ronald se había convertido.

Nuestro periódico local publicó la historia del accidente, con fotografías y el titular: "DOS MUCHACHOS MUERTOS POR UN CONDUCTOR EBRIO EN CARRETERA DE ALASKA." El día siguiente unas muchachas preciosas pasaron para decirnos lo mal que se sentían por el accidente. Llevaron cartas que Tim les había escrito y que recién habían recibido. Al parecer, el día anterior a emprender el regreso a casa, Tim había escrito a varias muchachas con las cuales había salido, así también como a algunos otros amigos, y les había contado acerca de su experiencia espiritual. La carta de una muchacha decía: "Por favor perdóname por haber sido tan ruin..." Cualquier madre se preguntaría lo que significaría eso. Al parecer, Timoteo no había sido tan aburrido como yo había creído.

Otra llamada de la funeraria

Pasó más de una semana antes de que llegara el cuerpo de Tim del Yukón, y mientras nos estábamos preparando para el servicio conmemorativo, recibí una llamada de la misma funeraria que había llamado exactamente cinco años antes. La voz masculina dijo: "Señora de Johnson, nunca he tenido que hacer esto antes, es decir, llamar a la misma familia dos veces, pero va a tener que venir a identificar el cuerpo de Tim ya que murió en el extranjero."

Al colgar el teléfono, me acordé de que Tim había muerto en el Yukón. ¿En dónde quedaba el Yukón? Había oído hablar del

Sargento Preston y de sus perros de trineo en el Yukón, ¿pero dónde estaba exactamente? Busqué en un mapa y vi que el Yukón es uno de los territorios que pertenecen al Canadá y que, en efecto, era parte de otro país.

Había hecho el mismo viaje a aquella funeraria cinco años atrás y había pensado entonces que sería un suplicio que nunca se volvería a repetir. Ahora estaba otra vez en camino ahí en un caluroso día de agosto para identificar a otro muchacho en otra caja. Mientras estaba en la misma sala, pensamientos revueltos me pasaban por la cabeza: *Esta es la misma estúpida alfombra que tenían hace cinco años y el mismo estúpido empapelado y estoy parada al lado del mismo hombrecito de traje oscuro, viendo OTRO muchacho en otra caja. ¡No puedo CREER que esté volviendo a pasar lo mismo!*

Todo parecía tan igual y tan conocido, como si me hubiera ocurrido en otra vida o en un sueño. Me pregunté si toda la vida tendría que estar viniendo a este mismo lugar cada cinco años para ver a muchachos en cajas. Cuando uno es chocado por un camión, estando en el asiento delantero de un Volkswagen, no queda mucho. Uno mira lo que le muestran en el sencillo cajón de pino y firma otro papelito que dice que ese muchacho es su hijo, Tim. Pero no se parece para nada al hijo que se ha tenido por veintitrés años.

Al salir de la funeraria ese día, podía sentir el aroma del pasto recién cortado y oír el graznido de los cuervos en los árboles cercanos. De repente alcé la mirada y en el azul del cielo había una imagen de la cara sonriente de Tim. Alrededor de él todo era dorado y blanco brillante, y él me estaba diciendo: "No llores, mamá, porque no estoy ahí. Estoy regocijándome ante el trono de Dios."

Fue como si Dios me hubiera envuelto en su manto de amor ese día. Nunca me pasó nada parecido antes o después, pero pienso que Dios sabía que necesitaba esa chispa especial justo en ese momento para recordarme que él todavía me ama, que soy su hija y que él nunca nos abandona en medio de nuestro dolor.

Tuvimos el servicio conmemorativo para los muchachos, y muchos de los compañeros de Tim de la Academia Policial asistieron y respondieron al mensaje del evangelio. Los padres de Ronald también habían aceptado al Señor al principio de la semana. Después salieron artículos sobre Tim y Ronald en varias revistas cristianas. El titular de una historia en *Christian Life* (Vida cristiana) decía: "SU MUERTE FUE SOLO EL COMIENZO."

Empezamos a ver que, aunque nunca habían llegado a casa para compartir en persona, Tim había tenido razón: Dios estaba usando su historia por todo el mundo para traer a otros hacia él.

Bárbara, eres una profesional

Un pastor local nos visitó unos días después del servicio conmemorativo de Tim. Sabía de nuestra pérdida anterior de Steve y fue a llevarnos unas palabras de consuelo. Su primer comentario cuando lo saludé en la puerta fue: "No estoy preocupado por ti, Bárbara, porque sé que eres una profesional en esto."

¿Profesional en qué? ¿En perder hijos? Probablemente quiso decir que mi fuerza interior vendría del Señor y que yo me sobrepondría, pero lo que dijo salió frío y desconsiderado, falto de comprensión.

En cierto sentido, fue más difícil perder a Tim que a Steve. Tuvimos algo de tiempo para prepararnos para el fallecimiento de Steve. Supimos por muchos meses que estaba en una zona peligrosa y la sombra de la muerte siempre nos cubría a todos. Cuando sucedió, fue un golpe terrible, pero de algún modo fue un alivio porque se había acabado esa terrible aprensión.

En muchas maneras, la muerte de Steve se pareció a la muerte de un ser querido después de un largo período de sufrimiento con algo como cáncer o SIDA. Entonces uno tiene algo de tiempo para prepararse, y ya ha derramado parte de la copa de dolor durante esos meses. Cuando llega el momento de la muerte, es como un alivio del período de sufrimiento y se puede empezar a sanar.

Pero en el caso de Tim no hubo ninguna advertencia del desastre inminente, ninguna señal de alarma. Sólo hubo su voz, animada y alegre, diciendo que estaría de regreso en cinco días y después, ¡PAF! ¡Todo había terminado! Un momento estábamos esperando su llegada con anticipación y el próximo nos enteramos de que estaba en la presencia de Dios. Había pasado tan rápidamente que no hubo ninguna preparación, ni siquiera un pensamiento de que su vida sería apagada.

Teníamos muchos amigos cristianos maravillosos que nos iban a visitar y trataban de consolarnos. Decían cosas como: "¿No es maravilloso que Tim esté con el Señor?" Bueno, sí, era maravilloso, ¡pero yo quería que estuviera EN CASA CON NOSOTROS!

O decían: "Menos mal que les quedan dos hijos", y yo decía que sí, era una buena cosa, ¡pero yo quería a TIM! Superficialmente estaba de acuerdo con la gente que me citaba pasajes bíblicos y que quería sentirse mejor haciéndome encerrar mi ira y mi angustia rápidamente. Por dentro, sin embargo, quería escaparme de todos ellos y de sus bonitas palabras trilladas. Quería abrir —perforar— ese enorme absceso que tenía dentro de mí. Conocía los versículos que me citaban y los creía, pero la carne viva de los bordes de mi corazón todavía estaba sangrando demasiado. Necesitaba hacer duelo.

Para escaparme de algunos de mis amigos cristianos, iba sola de noche a un basural a unos kilómetros de casa. Estacionaba ahí y lloraba, y a veces hasta gritaba, para dejar salir el dolor. Le decía a Dios lo enojada que estaba con esa gente por decirme que debería estar contenta porque Tim estaba en el cielo. También le dije a Dios lo enojada que estaba con él por llevarse a alguien que me era tan especial y precioso. Esa fue mi manera de ventilar emociones que TENÍAN que liberarse. Dios no dice que no nos entristezcamos, sino que su Palabra dice: "...que no os entristezcáis como los demás que no tienen esperanza" (1 Tes. 4:13).

Mirando atrás, puedo ver que Romanos 8:28 y otros versículos que se me citaron *son* todos ciertos. Dios *es* fiel, pero no era el momento apropiado para hacérmelo notar. Las agradables frases espirituales plásticas no le ayudan a la gente a liberar su dolor. Es mejor abrazar a la persona que está afligida y decirle: "Te quiero, Dios te ama." Más allá de eso, tal vez sería mejor meterse una media en la boca y callarse. No hay que tratar de razonar con la gente afligida para persuadirla a aceptar su pérdida. Cuando un creyente muere, ES maravilloso saber que está con Dios, pero en el momento cuando los que quedan están heridos y sangrando, la sencilla verdad es esta:

CUANTO MAS RECIENTE EL DOLOR,
POCAS PALABRAS TANTO MEJOR.

Por un par de semanas, fui al basural todas las noches para deshacerme del dolor. En los últimos años han cerrado el basural de noche porque mucha gente fue asaltada, pero creo que Dios me protegió cuando yo iba. El ir allí a llorar me permitió enfrentar a los amigos cristianos que me estaban lanzando palabras espirituales trilladas que no daban resultado.

Cómo vaciar la copa de dolor

Hace poco conocí a una mujer que vende ropa en un gran almacén. Me dijo que había sufrido la pérdida de un hijo y que no podía trabajar o atender a la gente porque no podía dejar de llorar. Era cristiana y sin embargo no había podido sobreponerse al dolor. Compartí con ella un pequeño plan que podía ayudarle a "acelerar" las emociones:

"Consigue unos casetes de música triste, la más triste que puedas encontrar", le dije. "Asegúrate de que todos salgan de la casa. Después ve al dormitorio, desconecta el teléfono, pon música triste, tírate en la cama y LLORA. Pon un cronómetro para treinta minutos y durante ese tiempo llora y pégale a la almohada. Dá rienda suelta a tus sentimientos: VENTILATE. Si estás enojada con Dios, está bien. El no te va a mandar al infierno. Todavía te ama. Pero deja que ese dolor profundo salga a través de las lágrimas. Haz eso todos los días por treinta días y cada día pon el cronómetro por un minuto menos. Cuando hayan pasado los treinta días, habrás VERTIDO mucho de tu copa de dolor."

Poco después de que hablamos la mujer me llamó y dijo que había estado siguiendo mi consejo por sólo una semana y ya se sentía mucho mejor. Había llegado al punto de poder pasar un día completo sin llorar constantemente.

Si te está costando abrir ese absceso profundo que tienes adentro, tal vez esté sencillo plan pueda acortar el tiempo de dolor. No hay ningún período fijo de duelo que se considere apropiado o espiritual. Pero no importa el tiempo que necesites, "la aceleración del dolor" puede ayudarte a verter parte de ese dolor y empezar el camino hacia la recuperación. Lo importante es llegar al momento de cerrar el dolor. Mantén el Salmo 84:5-7 siempre en mente:

> ¡Bienaventurado el hombre que tiene en ti sus fuerzas, y en cuyo corazón están tus caminos! Cuando pasan por el valle de lágrimas, lo convierten en manantial. También la lluvia temprana lo cubre de bendición. Irán de poder en poder, y verán a Dios...

Después del servicio conmemorativo de Tim en agosto, lo que me ayudó durante los meses siguientes fue tratar de ayudar a otras personas que habían perdido hijos. Nuestro ministerio se extendió más allá de los padres de las víctimas del Vietnam y empezamos a hablar con madres y padres que habían perdido los hijos en accidentes automovilísticos o en otras formas. Empecé a hablar a grupos de padres, diciéndoles que el dolor de perder dos hijos es increíble, pero que el manto consolador del amor de Dios sigue siendo suficiente. Hasta llegué al punto de poder decir que estaba agradecida por tener dos depósitos en el cielo. Habíamos pasado por épocas tenebrosas, ¡y habíamos sobrevivido! Lo que no sabía era que la oscuridad total todavía estaba por llegar.

Pensamientos adicionales

Tomar la decisión de tener un hijo es de gran importancia: significa permitir que el corazón quede siempre caminando fuera del cuerpo.

Elizabeth Stone, *Village Voice*

LO QUE EL MUNDO MAS NECESITA

Un poco más de bondad y un poco menos de codicia;
Un poco más de generosidad y un poco menos de necesidad;
Un poco más de sonrisas y un poco menos de ceños fruncidos;
Un poco menos de patear al que está caído;
Un poco más de "nosotros" y un poco menos de "yo";
Un poco más de risa y un poco menos de llanto;
Un poco más de flores en el camino de la vida;
Y menos en las tumbas al final de la lid.

Fuente desconocida

* * * * * *

Tú *toleras* mis trivialidades,
te *ríes* de mis locuras,
y te *preocupas* cuando lloro.
Eso es lo que yo llamo TRP (toleras, ríes, preocupas).

Fuente desconocida

LA MAÑANA VENDRA

Quebrantado...
¿Cómo puedo soportar el dolor?
Tantos planes... interrumpidos permanentemente.
Tantas ilusiones... destrozadas.
Anhelos... frustrados.
No queda nada.
¿Por qué?
¿Por qué esto?
¿Por qué a nosotros? ¿Por qué a mí?
Impotencia... desesperanza...
La vida nunca volverá a ser la de antes.
¿Vale la pena vivirla?
¿Dónde estás, Señor?

Aquí mismo estoy, a tu lado, hijo mío.
Aunque no sientas mi presencia,
Te estoy teniendo fuerte bajo la sombra de mis alas.
Te acompañaré en esta noche oscura.

No tengas miedo de llorar.
Te di las lágrimas para que te desahogues.
No trates de esconder tu dolor.
Deja que se convierta en una fuente curativa,
Un proceso de restauración,
Porque yo así lo he planeado.
Los que lloran serán bienaventurados.
Te tendré asido,
Aun cuando sientas que tú no puedes asirte de mí.

Busca mi faz, hijo mío.
Recibe mi promesa, por imposible que parezca,
Que el gozo vendrá a la mañana.
Puede llevar mucho tiempo,
Pero yo sanaré tu corazón destrozado.
Sé que la noche parece no tener fin,
Pero LA MAÑANA VENDRA.
Lo he prometido.

De *Heaven of Rest Newsletter*

* * * * * *

AYUDAME A RECORDAR, SEÑOR,
QUE NADA VA A PASAR HOY
QUE TU Y YO NO PODAMOS
ENFRENTAR JUNTOS.

Fuente desconocida

* * * * * *

UNA ALMOHADA BLANDA
PARA CORAZONES CANSADOS

Y sabemos que Dios hace que todas las cosas
ayuden para bien a los que le aman,
esto es, a los que son llamados conforme a su propósito.

Romanos 8:28

Capítulo 3

Siempre se pone más oscuro justo antes de la oscuridad total

*La EXPERIENCIA es lo que se obtiene
cuando no se consigue
lo que se quiere.*

Fuente desconocida

"¿Por qué a mí?...¿por qué me pasó esto a mí?"

¿Hay alguien que haya pasado por la vida sin hacerse esa pregunta por lo menos una o dos veces? (En el caso de algunos de nosotros, ¡tal vez dos veces por día!)

"¿Por qué a mí? ¿Por qué a nosotros? ¿Por qué se nos quitaron dos muchachos de la familia?" Hice todas esas preguntas silenciosamente en mi corazón durante los siguientes dos años, aun mientras seguía saliendo a hablar y a compartir consuelo y esperanza con otros padres. Quería creer que la vida mejoraría de ahí en adelante. Después de todo, nos quedaban dos hijos —Larry, de veinte, y Barney, de diecisiete años. Teníamos muchos motivos de agradecimiento.

"Dios ha puesto su mano sobre este muchacho..."

Larry se recibió de una institución de estudios superiores el viernes 13 de junio de 1975 y fue uno de los momentos de mayor

41

orgullo de mi vida. Larry había sido presidente de su clase y presidente del coro escolar. Lo habían elegido como el estudiante más sobresaliente y le habían ofrecido varias becas. También acababa de regresar de Rusia, donde había viajado con un grupo musical cristiano.

El pastor de una de las iglesias más sobresalientes del sur de California era el orador esa noche, y le entregó a Larry el Premio para el Estudiante Sobresaliente. Para cerrar la ceremonia, que se llevó a cabo en el estadio universitario, Larry dirigió a todo el público en el canto de un himno patriótico.

El orador habló con nosotros después y comentó acerca de todos los honores de Larry diciendo:

—¡Espero que tengan un auto con un baúl grande para llevarse toda esa gloria a casa!

Le dije que todo lo que teníamos era un Chevrolet y nos reímos. Después el orador dijo:

—He hablado con su hijo, y sé que Dios tiene su mano sobre este muchacho y lo va a usar de una manera maravillosa.

Bill y yo estábamos muy emocionados por las palabras que dijo acerca de Larry. Nos llevamos todas las cintas, los trofeos y los premios a casa para exhibirlos en el hogar. ¡Qué orgullosos estábamos de Larry y de lo que había logrado!

Al día siguiente pensaba ir a esperar a mi hermana y a su esposo que habían estado en Hawai e iban a parar en nuestra zona por sólo veinticuatro horas en camino a su hogar en Minnesota. Queríamos que fuera un momento especial ya que sería la primera vez que los veríamos después de la muerte de Tim.

Todo estaba arreglado. Yo iría por ellos al aeropuerto de Los Angeles, los llevaría a Anaheim, donde todos nos quedaríamos en un motel cerca de Disneylandia, y después todos iríamos a la gran celebración del bicentenario de la independencia nacional en Disneylandia esa noche para disfrutar de la primera presentación del "desfile eléctrico". Después nos quedaríamos en Anaheim y pasaríamos un rato juntos el domingo, que también era el Día del Padre, y comeríamos en el parque de diversiones "La Granja de Knott Berry" antes de que tuvieran que tomar su avión.

Todo estaba dispuesto para una celebración maravillosa. Lo que yo no sabía era que ése sería el día más devastador de toda mi vida.

Ya salía por la puerta para ir al aeropuerto cuando alguien llamó por teléfono, queriendo que Larry le prestara su carpeta roja grande sobre Conflictos Juveniles Básicos. Fui a su pieza y, al sacarla del cajón, vi una pila de revistas y fotografías homosexuales, junto con otras cosas de las cuales no sabía nada. También había casetes y cartas de otros jóvenes. ¿Por qué TENDRIA Larry esto? ¿Sería un proyecto de estudio? No, los estudios ya habían terminado.

Empecé a temblar por dentro, pero me dije a mí misma: "Tienes que ir al aeropuerto … no puedes desplomarte ahora. Debe haber alguna explicación lógica de POR QUE tiene todo eso en el cajón."

No tenía tiempo para pensar, o preguntar y no podía derrumbarme, por lo menos no en ese momento. ¿Cómo podíamos tener un hijo homosexual? No conocía a nadie que tuviera uno, no quería tener uno, y seguramente esto no podía ser. Bill y yo teníamos un ministerio para ayudar a padres que estaban sufriendo, pero no ESE tipo de dolor. ¡Sería más fácil matarlo a él y matarme a mí misma que encarar eso!

Rápidamente tomé dos pilas de esa "porquería" y las tiré en el baúl del auto. No podía soportar la idea de tenerla en mi casa. La noche anterior el baúl del auto había estado lleno de gloria, ¡y ahora estaba lleno de basura! Le escribí una nota rápida a Larry, diciéndole que se encontrara con nosotros en el mástil de Disneylandia a las ocho de esa noche, conforme lo planeado. Agregué que había encontrado la "porquería" y que la tenía conmigo, por si la estaba buscando.

Me temblaban las manos, me palpitaba el corazón y de repente sentí que se me había sentado un elefante en el pecho. En la nota le dije a Larry que lo amaba y que Dios lo amaba y que si POR FAVOR me ayudaba a sobrevivir el fin de semana con los parientes, ¡arreglaríamos todo el lunes! Siempre había creído que Dios y las madres podían arreglar cualquier cosa.

Al manejar hacia el aeropuerto, empecé a sentir todos los síntomas clásicos del pánico: dificultad para respirar, náuseas y punzadas en la cabeza. Era como si alguien me hubiera metido una alfombra peluda en la garganta y me estaba ahogando. Tenía los ojos tan llenos de lágrimas que casi no podía ver para manejar. ¡Después me empezaron a picar los dientes! Evidentemente los nervios alrededor de la boca estaban reaccionando a la tensión, pero yo simplemente TENIA que contenerme hasta que los parientes se fueran al día siguiente.

Llegué al aeropuerto justo a tiempo para encontrarme con Janet y Mel cuando se bajaban del avión. Sus primeras palabras fueron:

—Te ves horrible. ¿Te sientes mal?

Contesté:

—Claro que no; sólo fue algo que no pude tragar. (¡Era muy cierto que no lo podía tragar!)

Ya habían ido a buscar el equipaje y vi que Janet tenía dos valijas color violeta. Ahora bien, yo no sabía nada acerca de la homosexualidad y menos aún del lesbianismo, pero había oído en alguna parte que a las lesbianas les gusta el color violeta. Se me ocurrió una idea alocada: *¡MI HERMANA ES LESBIANA! ¡TIENE EQUIPAJE COLOR VIOLETA! Trabaja para la Asociación de Billy Graham, está casada con un ministro, ¡y tiene valijas color violeta! ¡Mi propia hermana debe ser lesbiana porque tiene equipaje color violeta!*

¡No me atrevía a abrir el baúl!

Cuando llegamos al auto, me puse histérica tratando de pensar cómo evitar abrir el baúl del auto. Toda la "porquería" homosexual de Larry estaba ahí adentro, y no me había molestado en cubrirla con una manta. Mel y Janet habían traído algunos ananaes de Hawai, así como algunos de esos horribles collares de flores que huelen a velorio, y de algún modo los metí a ellos y sus cosas en el asiento trasero sin abrir el baúl. Salimos hacia Anaheim y el motel, y oré para poder superar los síntomas del pánico y de algún modo mantenerme en la ruta.

Mi mente estaba tan impresionada por lo que había descubierto sobre Larry que parecía que todo se estaba derrumbando a mi alrededor. Si mi propio hijo, que yo había amado y criado por veinte años, era homosexual y mi hermana era lesbiana, ¿qué quedaba? Había oído hablar de la gente que está "en babia" y sin duda ahí era a donde me dirigía yo. Sentía que acababa de volver de visita a la tierra después de haber estado viviendo en otro planeta. Quería volver al lugar de donde había salido, pero no había modo de escaparse de la extrañeza de todo.

Al ir por carretera me torturaban pensamientos alocados. Mi cuñado señaló asombrado la "A" gigante del estadio de los Angeles pero lo único que yo podía pensar era: *Son todos homosexuales, ¡son todos homosexuales!* Me parecía que se habían deshecho las diferencias y que todos se habían vuelto homosexuales.

Cuando llegamos al motel Janet y Mel se pusieron ropa más cómoda, y después cruzamos la calle para ir a Disneylandia. Era un fin de semana especial, con la celebración del bicentenario, la primera noche del desfile eléctrico y también era el Día de la Bandera. En vez de los habituales cupones A-B-C-D-E que usa Disneylandia como entradas, nos dieron bandas para la cabeza, blancas, rojas y azules con una enorme pluma. La banda tenía un lema patriótico impreso en letras grandes y brillantes. No había forma de negarse a usar la banda porque en esa noche era la entrada al parque.

Así que, ahí estaba yo, tratando de comportarme de una forma normal en Disneylandia con lo que parecía ser cincuenta mil personas dando vueltas alrededor de mí con bandas y plumas. ¡Y todo el tiempo preguntándome si cada uno de ellos sería homosexual!

Al llegar las ocho de la noche, fuimos al mástil y Bill fue a comprar palomitas de maíz. Bill es amoroso y responsable, pero parece que cada vez que hay una crisis él está comprando palomitas de maíz. Yo le digo que cuando muera le voy a hacer inscribir en la lápida: "Bill no está aquí; fue a comprar palomitas de maíz."

Janet, Mel y yo saludamos a Larry cuando se acercó. La última vez que habíamos estado todos juntos había sido en el funeral de Tim, así que estaban muy contentos de verlo. Yo no estaba segura de estarlo, pero sabía que no podía vomitar ni nada por el estilo todavía.

Solos frente al mástil

Así que todos estábamos parados ahí al lado del mástil, mientras un mar humano pasaba al lado nuestro. En ese momento, pasó volando por el cielo una de las atracciones especiales de Disneylandia. Era el hada de Peter Pan (suspendida por un alambre, por supuesto), anunciando a viva voz el desfile eléctrico que estaba por empezar en unos pocos minutos.

En ese momento Janet dijo:

—Hay tanta gente y hace tanto calor acá que me parece que Mel y yo vamos a ver al señor Lincoln. La exhibición del señor Lincoln estaba a unos pocos pasos, así que les dije:

—Adelante. Larry y yo lo hemos visto muchas veces, así que vayan ustedes. Estaba desesperada por tener unos momentos para hablar con Larry e implorarle que me ayudara a pasar el fin de semana hasta que Mel y Janet se fueran en el avión el domingo por la tarde.

Ahora Larry y yo estábamos solos frente al mástil de Disneylandia, rodeados por cincuenta mil personas. Los dos teníamos puestas las bandas con las plumas. Lo primero que me dijo Larry fue:

—Soy homosexual, o tal vez sea bisexual.

Yo no sabía qué decir. ¿Bisexual? La palabra homosexual estaba en la Biblia, pero nunca había oído de bisexual, sonaba como alguien que tiene relaciones sexuales dos veces por mes. Mientras estaba tratando de entenderlo, pasó una mujer empujando un cochecito con su bebé gordito adentro. El cochecito me embistió el pie, un borde filoso me clavó la pierna y empecé a sangrar.

Pensé: *Qué misericordioso es Dios. No voy a tener que matarlo mañana. Ni siquiera tendré que matarme yo misma porque voy a morir desangrada ahora mismo.* 1 Corintios 10:13 se me venía a la mente repetidamente: Dios me había dado una salida para que yo pudiera soportar todo eso. Sencillamente iba a desangrarme ahí mismo, enfrente del cartel de los "Niños perdidos" al lado del mástil de Disneylandia, rodeada por cincuenta mil personas, todas llevando bandas y plumas en la cabeza.

Qué maravilla, ¡casi estaba eufórica! No tendría que preocuparme por matarme a mí misma o a él, ni por hacer nada, y nadie sabría nada nunca. Pero ENTONCES comprendí que el baúl del auto todavía estaba lleno de revistas homosexuales y no podía morirme todavía porque mi esposo encontraría todo eso y pensaría que eran cosas mías. A esa altura, Larry dijo que no se sentía bien y que quería irse de ahí. Yo pensé: *Tú te sientes mal... ¡pero yo me estoy muriendo! Sí, ¿por qué no vas a casa y lo arreglamos mañana? Dios y las madres pueden arreglar cualquier cosa... ¿no?*

Mel y Janet salieron de la multitud y saludaron a Larry con entusiasmo, pero lo único que Larry pudo decir era que no se sentía muy bien, ¡porque estaba cansado después de practicar todo el día con un grupo musical cristiano! Después de unos momentos de charla cortés, se disculpó y se fue.

Uno o dos minutos después Bill volvió con sus palomitas de maíz, y mi hijo menor, Barney, y su amigo, pararon un rato y después se fueron porque estaban aburridos y querían volver a casa para ver las carreras de motocicletas por televisión. (Cuando uno vive tan cerca de Disneylandia como nosotros, no es gran cosa.)

Así que Mel, Janet, Bill y yo dimos vueltas por Disneylandia y yo seguí mirando a todo el mundo y pensando que todos eran homosexuales. Vi al Ratón Mickey y a Minnie y estaba segura de que ellos también eran homosexuales. Era como si todos tuvieran una "H" gigante estampada en la frente.

"No puede ser; es creyente"

Volvimos al motel por la noche y mientras Bill dormía, yo lloré y gemí y me quejé en la almohada. Sentía que un toro me estaba embistiendo. Alrededor de las 4:30 de la mañana del domingo, que era Día del Padre, mi esposo por fin se despertó, diciendo:

—¿Qué te pasa?

Alcancé a contestarle:

—Creo que me está dando un infarto. No sé qué es, pero me parece que me estoy muriendo. No puedo respirar y me estoy ahogando. Siento como que tuviera una alfombra en la garganta y me pican los dientes.

Bill dijo:

—Bueno, me parecía que estabas rara anoche. Sé que algo anda mal. ¿Qué pasa?

—¡Menos mal que te diste cuenta! Anoche me enteré de que Larry es hooomoooo... —no me salían las palabras ... "homosexual".

Bill estaba horrorizado.

—Es IMPOSIBLE; ¡es cristiano!

—Eso es lo que yo pensaba. Pero lo es. Tendrías que ver lo que tengo en el baúl del auto. O tal vez sea bisexual; eso es lo que me dijo.

El enterarse de que Larry podía ser bisexual fue lo que más le afectó a Bill. Saltó de la cama y empezó a vestirse. Le dije:

—Son las 4:30 de la mañana; ¿adónde vas?

—Voy a casa, a arreglar a ese muchacho, dijo Bill, y se fue.

Así que quedé ahí, ahogándome y preguntándome cómo podría sobrevivir todo esto. Mi esposo estaba manejando los cuarenta kilómetros a nuestra casa para "arreglar a su hijo" y yo pensé: *Bueno, sencillamente voy a estar muerta cuando vuelva. Eso es, voy a estar muerta; sencillamente no puedo soportar esto. Voy a estar muerta cuando vuelva.*

En eso mi hermana, oyendo el ruido, tocó a la puerta, entró y me preguntó ansiosamente:

—¿Qué pasa? ¿Por qué se fue Bill?

Lo único que se me ocurrió fue:

—Va a casa para afeitarse.

¿Qué podía decir? Nos habíamos registrado en un motel, habíamos pagado; ¿adónde iría mi esposo a las 4:30 de la mañana?

—No, yo sé que algo pasa. Te peleaste con Bill, ¿no es cierto?

Si sólo hubiera tenido razón: ¡no habría habido ningún problema! En vez de eso, no tuve más remedio: iba a tener que comenzar el Día del Padre a las 4:30 de la mañana diciéndole a mi hermana que mi hijo era homosexual.

Fui tropezando al auto y traje una pila de revistas homosexuales y las tiré en la cama. Después dije:

—Tu *sobrino* (no podía decir "mi hijo") es homosexual.

Ella balbuceó:

—Es IMPOSIBLE; él es cristiano.

Ahí estábamos, las hijas de ministro, las dos criadas en un ambiente muy protegido. Vimos todas las fotografías de hombres desnudos y el resto de esas cosas horribles. Nunca antes habíamos visto algo pornográfico. Lo más pornográfico que habíamos visto hasta entonces era la sección de ropa interior masculina de un catálogo.

Mientras estábamos paradas ahí, paralizadas por el choque, mirando toda esa basura, entró mi cuñado, un hombre muy correcto y piadoso. Preguntó lo que estaba pasando porque me había sentido llorar y pensó que tal vez Janet y yo estábamos teniendo algún desacuerdo. Entonces vio las fotografías en la cama. Janet le explicó:

—Esas cosas son de Larry; es homosexual.

La respuesta automática de Mel fue:

—Es IMPOSIBLE; ¡él es cristiano!

Cuando Bill volvió, todos estábamos todavía en la habitación, mirando las revistas con desconcierto, sin tener la menor idea de qué decir. Lo único que ofreció Bill fue:

—Hablé con Larry. Realmente no hay nada malo con él. Lo que pasa es que reaccionas demasiado emocionalmente. No es más que una etapa. Todos los muchachos pasan por etapas y esto no es más que una etapa.

Yo quería creerle, pero sabía que Bill estaba equivocado. Ni siquiera sabía lo que era un bisexual así que, ¿cómo sabía lo que Larry realmente tenía? Más tarde fuimos al templo y a un almuerzo para el Día del Padre en "La Granja de Knott Berry". Para mí todo estaba confuso, pero finalmente llevé a Mel y Janet al avión y se volvieron a Minneápolis, donde yo estaba segura que nadie tenía problemas homosexuales.

Las lágrimas me cegaron al volver a casa sola del aeropuerto. Bill había usado su auto para llevar los regalos del Día del Padre a su papá y cuando llegué a casa me encontré con Larry. Estábamos cara a cara en la sala de estar y pronto se produjo una confrontación. Yo estaba llorando amargamente y largando versículos bíblicos. El también empezó a llorar y nuestra conversación dio vueltas en un círculo vicioso.

Yo estaba tan histérica que casi no podía decir nada con sentido. Larry estaba que explotaba de cólera porque había sido descubierto. (Después me dijo que nunca nos lo hubiera dicho si no hubiésemos encontrado las cosas.) Le rogué que se sentara y me contara cómo podía ser esto. En lugar de hacerlo, dijo cosas violentas y rencorosas en su enojo, y usó palabras que jamás le había oído antes ni después.

No podía soportar sus acusaciones y obscenidades. En un instante levanté la mano y le di una fuerte bofetada. Me agarró por los hombros y me empujó con toda su fuerza contra un reloj de piso. ¡Era increíble! ¡Estaba en medio de una confrontación física con un hijo amoroso que había sido la alegría de nuestro hogar por veinte años! Después de empujarme contra el reloj salió corriendo hacia su cuarto y cerró la puerta.

Lo escuché cómo lloraba en su cuarto, pero la ira, la incredulidad y la culpa no me dejaron entrar para consolarlo. ¿CONSOLARLO A EL? ¿Cuando EL estaba destruyendo a la familia?

En mi esfuerzo desesperado por hacerlo reaccionar había pronunciado amenazas y cosas poco amorosas tales como: "¡Te prefiero MUERTO antes que homosexual!" En ese momento amaba a Larry pero odiaba esa parte de él. Quería abrazarlo, pero quería matarlo, yo era un calidoscopio de choque emocional. Fue más tarde que me enteré que los padres les dicen todo tipo de cosas irreales a sus hijos cuando se enteran de que son homosexuales. En mi propia desesperación emocional, todo lo que pude hacer era citar versículos bíblicos acerca de la homosexualidad. Y todo el tiempo también estaba negando que eso realmente nos pudiera estar sucediendo.

Otros padres me han dicho lo mismo. Cuando se enteran de la homosexualidad de su hijo, quieren quitarlo del testamento, quitarle el auto o hacer cualquier cosa para controlarlo. Pero eso no funciona. Sencillamente no se pueden hacer así las cosas. Fue algo que tuve que aprender. Y no fue fácil.

Una desesperación devastadora me sobrecogió, y me tiré en la cama y lloré por horas. Larry no salió de su cuarto el resto del día ... no preparé la cena ... y no contesté el teléfono. Sólo me quedé en la cama, esperando y rogando que al día siguiente pudiera encontrar alguna respuesta. Iría a la asistencia de emergencia de Anaheim. Seguramente ELLOS podrían decirme cómo arreglar a ese muchacho.

El lunes por la mañana fui a una organización que supuestamente ayudaba a homosexuales, pero primero necesitaba ayuda para mí misma, alguien que me dijera que sobreviviría. Entré y balbuceé:

—Acabo de enterarme de que mi hijo es homosexual y quiero hablar con una madre que me pueda ayudar.

Me dijeron:

—Bueno, no tenemos madres, pero tenemos dos ex homosexuales con quienes puede hablar.

Exasperada, contesté:

—¡Olvídenlo! Ya *tengo* uno de esos; ¡por eso estoy aquí!

Me di la vuelta, salí y cerré de golpe la puerta. No quería hablar con ningún tipo de homosexual, ex o lo que fuera. Quería hablar con una madre que hubiera pasado por lo mismo que yo y que me pudiera decir que no me iba a morir. Al entrar al auto pensé: *Señor, si llego*

a sobrevivir a esto, si no me muero o termino en un hogar para los
que les falta un tornillo, prometo que voy a empezar un grupo
para ayudar a padres que experimentan este tipo de cosa tan
terrible. (Prometemos mucho cuando pensamos que de todos modos
nos vamos a morir.)

Y después, el golpe de gracia

Cuando llegué a casa, me esperaba un golpe más. El cuarto de
Larry estaba totalmente vacío. Yo sólo había salido por una hora y
media, pero en ese lapso él había sacado todo y se había ido. En el
pasillo había dos placas colgadas una al lado de la otra. Una decía:
"PARA EL PADRE MAS MARAVILLOSO DEL AÑO." Larry se la
había dado a Bill apenas el día anterior. La otra decía: "PARA LA
MADRE MAS MARAVILLOSA DEL AÑO." Me la había dado tan
sólo un mes antes, en el Día de la Madre. Ahora se había ido y todo
lo que nos quedaba eran dos placas diciéndonos lo maravillosos que
éramos.

Llamé a Bill al trabajo y le dije que Larry se había ido y que se
había llevado el pequeño Volkswagen que estaba registrado a mi
nombre porque el seguro estaba a nombre mío. Bill dijo que estaba
seguro de que Larry volvería, pero yo me preguntaba adónde iría.

No sabía qué hacer. ¿Debería ir al Departamento de Vehículos
Automotrices para decirles que mi hijo se había ido con un Volkswagen registrado a mi nombre? ¿Debería cancelar el seguro del auto?
No sabía qué decirle a la gente, y no estaba segura de poder sobrevivir.

La forma en que sobreviví está registrada en un diario que incluí
en *¿Dónde renuncia una madre?* Durante los meses siguientes me
quedé en casa, languideciendo en mi habitación, contando las rosas
del empapelado. No podía aguantar ver a nadie y hasta ir a la tienda
de comestibles me producía olas de pánico. Si veía cartones de leche
marcadas "HOMOGENEIZADA", inmediatamente pensaba que
hasta la leche tenía algo de homosexual.

Había sido difícil perder a Steve y a Tim, pero por lo menos
podía contarlos como depósitos en el cielo. Pero ahora mi tercer hijo
había desaparecido en el mundo homosexual y yo no tenía idea de
dónde estaba ni si algún día lo volvería a ver.

Y no podía contarle a ninguno de mis amigos cristianos lo que
había pasado. Me sentía demasiado culpable y además, ¿cómo
podría la mayor parte de los cristianos entender algo tan irreal?

Así que me escondí en mi habitación sin querer ver a nadie, sin
cocinar ni limpiar, y sin comer casi nada. Bill puso unas tarjetas

deseando mi mejoría en la repisa de la chimenea para que si alguien venía, pudiera decir: "La pobre Bárbara todavía se está recuperando por la pérdida de los dos hijos", y perdonar el desarreglo y la confusión.

Bill comió palomitas de maíz la mayor parte de ese primer año después de que Larry se fue. Por suerte Barney, nuestro hijo menor, trabajaba en un restaurante, así que por lo menos él tenía algo para comer. Había envolturas del restaurante por todas partes junto con las palomitas de maíz que caían en lugares extraños.

De la cama al sillón

Finalmente, Bill insistió en que consiguiera ayuda para mi depresión. Decidí ver al doctor Wells, un psicólogo que también era amigo personal. Durante la primera visita me sacudió cuando me dijo:

—No te culpes por esto... todos tenemos que tomar decisiones....es un cuadro muy negro para que lo aceptes. En mi experiencia profesional he tenido muy poco éxito en cambiar la orientación de los homosexuales. Si Larry se vuelve a poner en contacto contigo, no le hables acerca de cambiar.

—¿Cómo que no le hable de cambiar? —balbuceé—. Por supuesto que vamos a hablar de cambiar; ESTO no puede ser.

Seguí riñendo al doctor Wells con versículos bíblicos. ¿Cómo podía ser creyente y decir que Dios no podía cambiar a Larry? Cité los pasajes bíblicos que dicen que Dios cambia todas las cosas, pero el doctor Wells no se inmutó mientras escuchaba mis argumentos pacientemente. Parecía entender que yo no podía aceptar lo que me estaba diciendo, por lo menos no en ese momento. Después de todo yo quería arreglar a Larry, cuanto antes.

Para conseguir ayuda adicional, empecé a escribirles a los evangelistas más sobresalientes del país, pidiéndoles consejo. En pocos días empecé a recibir sus respuestas, que contenían pasajes bíblicos condenando la homosexualidad, telas de oración y frascos de aceite. Hasta recibí una sugestión de mandar sus calzoncillos a cierta dirección en la cual se oraría sobre ellos para quitarle el demonio. Yo no sabía dónde estaba Larry, ¡y mucho menos dónde estaban sus calzoncillos!

El doctor Wells y yo seguimos con nuestro diálogo casi semanalmente. Un día, unos once meses después de que Larry se había ido, el doctor Wells me dijo: "Bueno, si ya hace once meses que se fue Larry, es muy posible que no vuelva nunca más. Probablemente ha encontrado apoyo emocional en el estilo de vida homosexual."

Eso realmente me afectó, y quedé como en un trance. El doctor Wells decidió que sería mejor llamar a Bill. Recuerdo que dijo:

—Ha entrado en una depresión severa. Deberíamos internarla en un lugar donde le pueden dar cuidado profesional las veinticuatro horas porque está manifestando síntomas suicidas.

Bill es de origen sueco y algo tacaño. Tal vez *económico* sería una palabra más amable, pero tacaño es más acertada. La respuesta de Bill fue:

—Bueno, si el seguro la cubre, puede ir. Pero si vamos a tener que pagar, pienso que puede quedarse en casa, no es violenta, ni nada por el estilo.

Así que mis opciones eran ésas. Si el seguro de Bill me cubría, podía ir a hacer cestos en el hogar para los destornillados, y si no pagaba, podía quedarme en casa y contar las rosas del empapelado.

El doctor Wells tenía razón en lo del suicidio

Un día o dos después, cuando Bill estaba saliendo para el trabajo, me dijo que cuando volviera esa noche sabría si el seguro me cubriría. Después de que se fue, me metí en el auto y empecé a manejar. No podía seguir así. No estaba funcionando como esposa ni como madre. No era nada.

No soy más que un fantasma o un cero con el contorno borrado, no soy nada, pensé. No puedo creer que Dios haya podido permitir que todo esto me pasara y que todavía me quiera.

Conocía un gran viaducto en el camino a Ball yendo hacia Disneylandia, y pensé en lanzarme de él con el auto y matarme, y así acabar con todos mis problemas. Pero al entrar al viaducto, me puse a pensar: *¿Y si sólo me lastimo y quedo lisiada y me la tengo que pasar haciendo cestos el resto de la vida?*

Para cuando llegué a la cima del viaducto estaba segura de que no me quería matar y entonces dije: "No lo puedo creer, Señor, pero he llegado al punto de querer tirarme con el auto desde el viaducto y matarme. Voy a tomar un martillo de mi imaginación y voy a clavar a ese muchacho en la cruz porque ya no aguanto más. Estoy cansada de este elefante en el pecho, de que me piquen los dientes y de la alfombra en la garganta. Ya van once meses que estoy así y yo pensaba que te lo había entregado a ti hace mucho. Pero esta vez digo que realmente lo voy a clavar en la cruz, y te lo voy a dar a ti, y si no regresa a casa nunca y si no lo vuelvo a ver nunca, *sea lo que fuere, Señor,* voy a clavar a ese muchacho en la cruz y dártelo a TI!"

"Sea lo que fuere, Señor" fue la clave

Cuando pronuncié esas palabras: "Sea lo que fuere, Señor", fue como si se soltaran miles de burbujitas dentro de mí. La alfombra se salió de mi garganta, me dejaron de picar los dientes y el elefante se levantó de mi pecho por primera vez en once meses. Sólo había dicho "sea lo que fuere, Señor" en vez de mi habitual "¿por qué a *mí*? ¿Por qué a *mi* hijo? ¿Por qué mi vida es un desastre? ¿Por qué a mí?" ¡Todo la carga había DESAPARECIDO!

Para mí, el decir "sea lo que fuere, Señor" fue como cuando Job dijo "aunque él me mate, en él he de esperar" (Job 13:15). Di vuelta al auto y por primera vez en once meses pude respirar a fondo. Todo el camino de regreso a casa canté "El Rey ya viene" y "Vuelve, Señor Jesús". No había cantado en once meses, pero ese día canté todo el camino de vuelta a casa.

Cuando llegué a casa llamé a Bill. Estaba tan emocionada que hablé muy rápido, así que le costó bastante entender el bombardeo de palabras.

—¿Dónde has estado? —me preguntó.

—Bueno, fui hacia Disneylandia y me iba a matar tirándome del viaducto, pero en lugar de hacerlo dije "sea lo que fuere, Señor" y lo clavé en la Cruz.

—¿QUE hiciste qué? —exclamó Bill.

—Lo clavé en la cruz.

Y estoy segura de que Bill pensó: *Debí haberla puesto en el hogar para los destornillados ayer. Esperé demasiado tiempo.*

—No vayas a ningún lado, quédate ahí, voy para casa ahora mismo, y colgó el teléfono.

Traté de decirle que no hacía falta que volviera, que estaba bien, pero vino volando de todos modos y me sentó para pedirme una explicación. ¡Mis balbuceos le habían hecho pensar que nuestro hijo estaba clavado de algún modo en la ruta 57! Unos pocos años antes Bill había sido el que había sufrido daño cerebral, pero ahora estaba razonando suavemente conmigo como si fuera mi padre o un consejero. Le expliqué todo de nuevo y finalmente pareció entender que yo había logrado soltar a Larry y entregarle todo el problema a Dios.

Muy aliviado, me dijo:

—No puedo creer lo que ha ocurrido, pero te voy a decir algo. Me alegro de que estés mejor porque de todos modos el seguro no te cubría.

El hijo pródigo regresa, por un tiempo

Al día siguiente empecé a limpiar la casa, por primera vez en once meses. ¿Pueden imaginar cómo estaba? Granos de palomitas de maíz y envolturas de comida por todas partes. Saqué bolsas gigantes de basura, puse música cristiana y mientras estaba cantando en medio de la basura, sonó el teléfono.

Era Larry.

—Mamá, estoy en un restaurante de hamburguesas y quiero llevarte una. ¿Qué quieres que le pongan?

Si Larry hubiera llamado el día anterior, le hubiera dicho: "Miserable, ¿no sabes que están por meterme en el hogar para los destornillados?" En lugar de eso, le dije:

—Oh, querido, ven a casa; que le pongan cualquier cosa.

Sabía que Larry estaba tanteando para ver si podía volver. Un rato después llegó y comimos hamburguesas juntos. Como estaba nervioso, no le hice muchas preguntas, pero sí me enteré de que estaba estudiando en la Universidad de California en Los Angeles y viviendo solo. Había estado bien los últimos once meses y no le presioné para que me diera mucha información más.

Hablamos y compartimos durante un buen rato y después se fue. Pero volvió la semana siguiente para hablar con Bill y con su hermano, Barney. Siguió viniendo los fines de semana y parecía contento de estar con nosotros. Cada vez que lo veíamos hablábamos de cosas superficiales. Yo no quería meterme en nada que tuviera que ver con la homosexualidad, sólo quería restablecer nuestra relación.

Larry se mantuvo en estrecho contacto viniendo los fines de semana y llamándonos a menudo. Al año siguiente fue padrino en la boda de Barney, y en junio se recibió de la Universidad con honores. A pesar de que estaba contenta de que se hubiera puesto nuevamente en contacto con la familia, todavía tenía dudas y un mal presentimiento. Yo actuaba cautelosamente, con miedo de meter la pata, causar una explosión y volver a alejarlo.

Pero Larry ya no era el mismo muchacho de antes. Tenía otro aspecto, otro modo de hablar. No podíamos hablar acerca de ningún tema espiritual. Solamente hablábamos de cosas superficiales. Era como si hubiera venido de otro planeta, pero yo seguía diciéndome que todo estaría bien. Sólo quería dejar atrás todos los días malos y no hablar más del tema, pero finalmente descubrí que en realidad no habían quedado atrás.

A principios de 1979, una editorial se puso en contacto conmigo y me preguntó si estaría dispuesta a escribir mi historia. No sabían mucho de Larry, pero sabían lo que había pasado con los otros dos hijos. Le pregunté a Larry:

—¿Qué sentirías si yo escribiera acerca de todo esto en un libro?

Larry dijo que no le importaba, pero creo que él realmente pensó que nunca lo haría. Le dije a la editorial que yo jamás había escrito nada, pero uno de los editores me dijo:

—Bueno, el Espíritu Santo la va a impulsar.

Y eso fue exactamente lo que sucedió. El libro fluyó de mí en ocho semanas y el relato lo llevé hasta el momento en que Larry regresó a casa. Se publicó en el otoño de 1979 y la reacción nos sorprendió a todos, especialmente a mí. Empecé a recibir llamadas, preguntas y pedidos para presentarme en radio y televisión. Un importante distribuidor de libros se interesó en *¿Dónde renuncia una madre?* y pronto estaba en los estantes de los aeropuertos y los supermercados de todo el país.

Cómo empezó ESPATULA

Yo estaba emocionada por la respuesta a *¿Dónde renuncia una madre?* porque era una herramienta excelente para ESPATULA, el nuevo ministerio para padres de homosexuales que habíamos empezado en 1977. Había estado trabajando como voluntaria en el teléfono de emergencia para ayudar a otros padres, especialmente a las madres, y seguía recibiendo pedidos para empezar algún tipo de grupo de apoyo que pudiera reunirse semanalmente en mi zona. Cuando algunos amigos en el programa telefónico me preguntaron lo que necesitaba para poder trabajar con los padres, les contesté que necesitaba como cien ESPATULAS para despegar a los padres del techo. Fue por sugerencia de ellos que a mi grupo de padres lo llamamos "ESPATULA", puesto que despegarlos de las paredes y del techo era lo que yo estaba haciendo.

El nombre pegó, y yo empecé reuniéndome cada jueves en la noche con un grupo de mujeres, cada una de las cuales es bienvenida oficialmente al grupo entregándole una gran espátula roja de plástico. Nuestra meta en ESPATULA es proveer un colchón de intenso cuidado para las madres que están en el techo después de darse cuenta de que sus hijos son homosexuales. El primer grupo de ESPATULA tuvo tanto éxito que otros se formaron en las grandes ciudades del país y la revista *Christian Life* (Vida Cristiana) escribió un artículo sobre ellos. Yo estaba agradecida de que Dios me había ayudado a cumplir con la promesa que había hecho dos años antes cuando salí de la oficina del programa que no me pudo ayudar.

"¡Voy a repudiar a toda la familia!"

Aunque las cosas iban bien con ESPATULA nuestra relación con Larry se estaba deteriorando. Después de que salió *¿Dónde renuncia una madre?*, no tuve noticias de él por un tiempo. Después me fue a ver, enojado y agitado. Trajo la Biblia y la carpeta roja grande de Conflictos Juveniles Básicos. Siempre le había encantado el material juvenil básico y siempre había dicho que él creía que era la única forma de vivir. Ese día tiró la Biblia y la carpeta y dijo: "No quiero saber nada más de esto... pueden quedarse con todo... ya no es parte de mi vida... ¡Voy a vivir como me dé la gana!"

Mi reacción fue incredulidad y estupor total. Salió antes de que pudiera reaccionar. No tuve noticias de él por varias semanas, y justo después del Año Nuevo me llamó, muy enojado. Me dijo:

—¿Cómo crees que me siento cuando veo ese libro en el aeropuerto y en el supermercado? Veo ese libro por todas partes. Pongo el televisor y ahí estás... Pongo la radio y hasta estás en la radio...

Me sorprendí y le recordé a Larry:

—Me dijiste que lo podía escribir...

—Sí, supongo que sí. Pero nunca pensé que lo harías; es una historia tan aburrida, ¿a quién le puede interesar?

—Aparentemente mucha gente la está leyendo y le es de mucha ayuda...

—Pues a mí no me gusta. Tengo un amante ahora y me voy a cambiar el nombre y repudiar a la familia. No quiero volver a verlos nunca más.

Me quedé con la boca abierta cuando usó la palabra amante. No dijo "estoy viviendo con alguien", dijo "tengo un amante" muy enfáticamente, y me dejó pasmada. La conversación se puso bastante tensa después de eso pero de algún modo mantuve la calma. Me di cuenta entonces de que ya hacía mucho que lo habíamos perdido. Sin embargo, lo único que podía sentir por él era amor.

Recuerdo haber dicho:

—Larry, la homosexualidad no es lo mejor que Dios tiene para nadie y yo quiero lo mejor que Dios tiene para ti. No puedo cambiar tu vida, pero hay dos cosas que puedo hacer, amarte y orar por ti. Y hasta que cierren el ataúd sobre mi cabeza y me pongan un lirio en la mano, es justamente lo que voy a hacer. No olvides: te amamos incondicionalmente y la puerta siempre estará abierta para ti.

Mis palabras no conmovieron a Larry y colgó enojado, haciéndome saber que definitivamente JAMAS volveríamos a tener noticias de él. Bueno, eso no fue precisamente cierto. Supimos de él cuando llegó un formulario oficial en el correo diciendo que se había cambiado el nombre y nos repudiaba. Ahora mi promesa de: "Sea lo que fuere, Señor", había vuelto para desafiarme. ¿Realmente era cierto lo que le había prometido a Dios en el viaducto del camino a Ball tres años antes o no?

El resto de este libro surge de las ideas y filosofías que llegaron a moldear mi vida mientras pasé seis largos años sin saber nada de Larry. Durante esos años, aprendí el valor de la risa, cómo enfrentar los sentimientos de culpa y cómo mantener la calma cuando la histeria bullía por dentro. Sobre todo, aprendí el significado de la esperanza. Y es acerca de la esperanza que quiero hablar ahora.

Pensamientos adicionales

LA LUZ DEL PORTICO

"Mamá, ¿por qué está prendida la luz del pórtico?"
Está prendida por ti, hijo mío,
durante las largas horas antes del amanecer,
mientras hago la vigilia de la noche.
Mis pensamientos vuelven a días pasados
al hijito inocente;
¡Señor!, en qué poco tiempo logró el mundo
ensuciar su conducta infantil.

"Mamá, ¿hasta cuándo estará prendida la luz del pórtico?"
Hasta que regreses, hijo mío,
pues mi doliente corazón siempre seguirá anhelando
hasta que tus pies ya no vaguen.
Mi oración ferviente, suplicante, incesante,
es que Dios proteja a mi hijo,
y siento su respuesta: "Me importa, hija mía",
Mientras yo susurro: "Hágase tu voluntad, Padre mío."

"Mamá, ¿la lámpara de Dios sigue prendida?"
¡Oh, hijo! ¡El todavía te ama!
La voluntad de nuestro Padre es tenerte cerca,
para descansar sin carga ni preocupación.
Y Dios en su clemencia te libertará
para servirle en paz y gozo;
para ser el hombre que él quiso hacer,
hijo mío, amado muchacho mío.

                                  Fuente desconocida

CUANDO LA VIDA SE PONE DIFICIL

Para todos llega un momento en la vida cuando parece que se juntan todos los problemas y las dificultades. Cuando esto sucede, cuando la vida se pone difícil, ¿cuál es la manera creadora de enfrentar las cosas?

PRIMERA: No trates de hacer todo tú misma. No luches ni te atormentes. No te agotes ni te quejes. Haz todo lo que puedas y después pon todo en las manos de Dios, confiando en que él hará que todo salga bien. Puedes depender de Dios. El no te fallará. Deja los problemas y deja que Dios haga.

SEGUNDA: Ora pidiendo que Dios te guíe y cree que te está dirigiendo ya. Cree que puedes confiar en su dirección. Depende de ella, porque no te fallará.

TERCERA: Ora por una actitud calmada y practícala. Las cosas preocupantes seguirán siendo preocupantes mientras estés preocupada. Pero cuando estés tranquila, las circunstancias se alisarán. No puedes pensar en una forma creadora cuando tienes la mente perturbada. Recuerda: la mente perturbada perturba; la mente pacífica, pacifica.

CUARTA: Satura la conciencia con fe, la fe creadora en que las cosas saldrán bien. Repite en voz alta varias veces todos los días: "Tú guardarás en completa paz a aquel cuyo pensamiento en ti persevera, porque en ti ha confiado" (Isa. 26:3). "En la quietud y en la confianza estará vuestra fortaleza" (Isa. 30:15). "La paz os dejo, mi paz os doy. No como el mundo la da, yo os la doy. No se turbe vuestro corazón, ni tenga miedo" (Juan 14:27).

QUINTA: Acuérdate de una gran verdad: las experiencias difíciles sí pasarán. Sí cederán. Sí pueden cambiar. Así que aguanta, con la ayuda de Dios.

SEXTA: Siempre hay una luz en la oscuridad. Cree eso. Busca esa luz. La luz es el amor de Dios. "Lámpara es a mis pies tu palabra, y lumbrera a mi camino" (Sal. 119:105). Entra a la oscuridad sin temor.

SEPTIMA: Pídele al Señor que libere tu propio ingenio creador, tu propia fuerza y sabiduría, que juntos pueden, a ciencia cierta, enfrentar cualquier problema con éxito.

OCTAVA: Nunca olvides que Dios te quiere, que te ama. Quiere ayudarte. Vuélvete a él y acepta su ayuda con gratitud.

NOVENA: Recuerda que todos los seres humanos viven problemas similares a los tuyos. Hace muchos años una generación graduanda regaló a la universidad un banco de piedra sobre el cual estaban talladas las siguientes palabras: "A los que se sientan aquí con pena o alegría: saludos. Así lo hicimos nosotros en nuestra época."

DECIMA: Por último, aférrate a esta gran promesa: "Dios es

nuestro amparo y fortaleza, nuestro pronto auxilio en las tribu-
laciones." Esa es la verdad. Dios te acompañará y un día más claro
amanecerá.

Fuente desconocida

Capítulo 4

Me siento mucho mejor desde que me di por vencida[1]

La vida es más fácil de lo que crees.
Lo único que tienes que hacer es:
Aceptar lo imposible,
arreglártelas sin lo indispensable,
aguantar lo intolerable
y
sonreír en toda ocasión.

Fuente desconocida

Cuando recibimos el documento oficial notariado diciendo que Larry nos había repudiado y se había cambiado el nombre, no pude dejar de pensar en lo que la Biblia les dice a los creyentes que están pasando momentos difíciles: "Hermanos míos, tenedlo por sumo gozo cuando os encontréis en diversas pruebas, sabiendo que la prueba de vuestra fe produce paciencia. Pero que la paciencia tenga su obra completa para que seáis completos y cabales, no quedando atrás en nada" (Stg. 1:2-4).

La primera vez que se fue Larry, me pareció que había aprendido algo acerca de la perseverancia. Ahora que se había ido de nuevo —esta vez aparentemente para siempre— comprendí que Dios todavía tenía algunas pruebas en mente para ayudarme a crecer y

---

[1] Estoy en deuda con Ashleigh Brilliant, *Pot-Shots* (Tiros al azar) *No. 519*, Copyright Brilliant Enterprises 1974. Usado con permiso.

madurar. El crecimiento es una tarea de por vida y crecemos más cuando estamos en el valle, donde se encuentra el abono.

Estaba hablando con una amiga cuando recibió una llamada telefónica con noticias perturbadoras. En vez del pánico, su reacción fue: "Ahí viene otra oportunidad para crecer." Tenía razón. Podemos sencillamente pasar por las pruebas dolorosas o podemos *crecer* mediante ellas.

Una de las mejores descripciones que he oído de lo que se siente al vivir una prueba a largo plazo la hizo una mujer que se estaba sintiendo desesperada y deshecha. Sencillamente no se veía ninguna luz en el otro extremo del túnel. Me dijo: "Siento que he estado viviendo en un paréntesis desde que me enteré acerca de mi hijo. Sigo tratando de cerrar el paréntesis, pero se sigue estirando y sigo viviendo dentro de este horrible paréntesis en mi vida."

Mi paréntesis nunca se había cerrado

Afortunadamente, cuando Larry se fue por segunda vez, estaba mejor preparada para mi paréntesis: un período de prueba y lucha que puede ser breve o parecer no tener fin. En realidad, la reacción amarga de Larry ante *¿Dónde renuncia una madre?* no era un nuevo paréntesis. Su salida tempestuosa de nuestra vida sólo me obligó a darme cuenta de que el problema que había comenzado esa noche en el mástil de Disneylandia nunca se había acabado. La historia sencillamente continuaba con un nuevo capítulo.

Cuando Larry volvió después de su primera ausencia de once meses, pensé que todo estaba "bien" y Bill también lo pensó. La "etapa" de Larry se había terminado y sencillamente no se hablaba más del tema. Estábamos muy equivocados.

Pero ahora estaba aprisionada en una nueva medida de tiempo y, hasta que Dios decidiera quitar los paréntesis, tendría que vivir en un nuevo vacío. Algunos pueden llamarlo un pozo o una cueva, pero no importa lo que se lo llame, es una situación contenida. No puede volver y desear que fuera un día antes o dos años atrás. Y no se puede saltar hacia adelante, fuera del pozo, a una época feliz y despreocupada. Hasta que Dios saque los paréntesis, hoy tiene que ser enfrentado hoy.

Eso no significa que hay que ignorar o negar las promesas y las indicaciones de Dios. Pero puede ser que haga falta aceptar no estar seguro de lo que está sucediendo, por lo menos por el momento.

Me encanta el titular del dibujo que dice: "Mamá me dijo que habría días así... pero se olvidó de mencionar que podían durar meses."

Algo que ayuda es no negar que se está en el proceso. Si duele, hay que admitirlo. Hay una calcomanía que dice:

CUANDO LAS COSAS TE VAN MAL
LEVANTA LA CABEZA Y GRITA:
"¡LAS COSAS ME VAN MAL!"

Ese es el primer paso para dominar el paréntesis. El próximo paso es darse cuenta de que no importa cuál sea el problema, *no va a durar para siempre.*

El dolor tiene una etapa "pasajera"

Puesto que cada paréntesis es pasajero, tú tienes que pasar por una etapa "pasajera". Está bien admitir que estás sufriendo y te está doliendo y aun puedes estar enojado con Dios. Pero después hay que seguir para sacar el mayor provecho posible de esa etapa temporal. Como nos lo recuerda el pasaje de Santiago, es una oportunidad para crecer. Así que que dale el mejor esfuerzo y ve lo que se puede aprender de este dolor.

Todas las promesas de Dios están ahí, son reales y son verdaderas, pero ahora mismo estás sangrando, estás en carne viva y te duele, y tienes que aferrarte a esas promesas aunque no parezcan funcionar en el momento. A medida que pases por el dolor, irá disminuyendo. El dolor se allana y se diluye, y puedes empezar a mirar atrás y ver cuánto has avanzado. Puedes dejar atrás el paréntesis y seguir viviendo. Puede que tengas algunos chapuzones en el pozo, pero ya sabes que estás saliendo de esa etapa parentética.

Cada vez que te sientas encerrado, que te estás sofocando en una cajita con la tapa clavada, imagina que estás cruzando por encima de ese horrible paréntesis. *Sí, vas* a sobreponerte y cuando logres cruzarlo y mires hacia atrás, te darás cuenta de que habrás alcanzado nuevos logros y nuevos valores. Habrás completado un segmento de crecimiento como persona.

Si hubo un profeta de Dios que sabía lo que era pasar por un paréntesis, fue Jeremías. De hecho, se podría decir que toda su vida fue un paréntesis tras otro. Y, sin embargo, Dios le dijo: "Porque yo sé los planes que tengo acerca de vosotros... planes de bienestar y no de mal, para daros porvenir y esperanza" (Jer. 29:11).

He llegado a amar ese versículo porque la esperanza lo cambia todo. El haber aprendido a entregar a Larry completamente a Dios me permitió encarar otro (en realidad el mismo) paréntesis y saber que podría sobrevivirlo. Había dicho: "Sea lo que fuere, Señor" y lo había dicho en serio.

Después de que se fue Larry, el ministerio de ESPATULA empezó a crecer. Daba charlas por televisión o por radio, o hablaba en iglesias y conferencias, y cuando la gente me preguntaba: "¿Y cómo está su hijo ahora?" yo me veía forzada a contestar: "Bueno, nos ha repudiado. Se cambió el nombre y dice que no quiere volver a vernos nunca más."

No eran noticias muy alentadoras las que compartía, pero era la verdad en ese momento. Lo único a lo cual podía aferrarme era el amor por Dios y el amor por Larry y por todos los padres que habían sufrido la pérdida de un hijo o, peor, el dolor de tener un hijo que rechaza sus valores y opta por un estilo de vida que excluye a Dios.

La verdadera esperanza surge de la desesperanza

Me siento identificada con la mujer descrita en el siguiente poema del libro de Ruth Graham titulado *Sitting by My Laughing Fire* (Junto al fogón cordial):

> Ella esperó la llamada
> que nunca llegó; buscó en cada entrega del correo
> una carta, una nota
> o tarjeta
> que llevara su nombre;
> y de rodillas
> de noche
> y de pie
> todo el día, arremetía contra el portón celestial
> en favor de él;
> rogó por él
> en el alto tribunal del cielo.
> "Estáte quieta y espera",
> fue la sentencia que él le dio;
> así que ella sabía
> que El haría
> en él, y por él
> y con él,
> lo que ella jamás podría hacer. Ignorando las dudas
> ella se ocupó de sus tareas
> con alegría;
> sabiendo, aunque despreciada,
> que su palabra era verdadera.

El pródigo no había vuelto
pero Dios era Dios,
y había trabajo por hacer.[2]

Para mí, ésa es la descripción de la esperanza. La esperanza es el ingrediente esencial para sobrellevar la vida. Es el ancla del alma. El Señor es bueno para con los que esperan en él. Si has perdido la esperanza, puede ser avivada. Puedes recuperar la esperanza, puedes volver a enfocar la perspectiva y esperar en el Señor para renovar las fuerzas.

Puede que el título de este capítulo te haya confundido. ¿Cómo puedes sentirte mejor si has abandonado la esperanza? Lo que significa es que, una vez que pierdes la esperanza en tus *propios* esfuerzos y dejas de depender en tu *propia* fuerza, entonces puedes empezar a tener VERDADERA ESPERANZA en lo que Dios puede hacer.

Piensa en tu vida, con todos los errores, pecados y penas del pasado como si fuera un ovillo de lana todo enredado. Es un lío tan grande que nunca sabrías por donde empezar para desenredarlo. Es muy *reconfortante* dejar los enredos de la vida en las manos de Dios y DEJARLOS AHI. Si hay un mensaje que quiero compartir contigo, es que pongas a tu hijo, tu cónyuge, tu amigo, sea quien fuere, en las manos de Dios y le *entregues* la carga a él. Sólo Dios puede desenredar los hilos de nuestra vida. ¡QUE GOZO Y QUE CONSUELO PUEDE SER PONER TODOS LOS ENREDOS DE LA VIDA EN LAS MANOS DE DIOS Y SENCILLAMENTE DEJARLOS AHI! De eso se trata la esperanza.

La esperanza no consiste en esquivar la realidad

Las palabras de una tarjeta lo expresan muy bien: "La esperanza no es fingir que los problemas no existen... Es la confianza en que no durarán para siempre, que las heridas se sanarán y las dificultades se sobrellevarán... Es la fe en que hay una fuente de poder y renovación dentro de nosotros que nos dirige a través de la oscuridad a la luz de su amor."[3]

No podemos ir por la vida haciendo de cuenta que las aflicciones no ocurren y comportándonos como si el dolor y la pena no existieran. Fe es saber que los problemas existen, pero también es la

---

[2] Copyright 1977 de Ruth Bell Graham. Usado con permiso de World Wide Publications.
[3] Copiado con permiso. Copyright American Greetings Corp.

confianza de saber que no van a durar para siempre y que nos vamos a sentir mejor.

La esperanza es el ingrediente esencial para sobrellevar la vida. Es el ancla del alma. ¿Pero tú dices que se te acabó la esperanza? No te preocupes, se puede recuperar. El Señor es bueno para con los que esperan en él.

Puedes recuperar la esperanza; puedes cambiar tu enfoque y esperar en el Señor para que renueve tus fuerzas. Puede ser que los que están sin Cristo no vean más que un fin sin esperanza, pero el cristiano se regocija en una esperanza sin fin.

¿Cómo se define la "esperanza"?

A veces cuesta explicar la esperanza, ¿qué es la esperanza, al final de cuentas? La ilustración más simpática sobre la esperanza que conozco es la de un muchachito que estaba parado al pie de la escalera mecánica en un gran almacén, mirando el pasamano fijamente. Nunca quitó su vista del pasamano mientras la escalera mecánica seguía y seguía. Un vendedor lo vio y al fin le preguntó si estaba perdido. El pequeño contestó: "No. Sólo estoy esperando que vuelva mi chicle."

Si estás por el suelo, si estás en una situación límite, sé como el niño que estaba esperando que volviera el chicle. Ponte firme, ten paciencia y confía en Dios. Después ocúpate de tu vida ... hay trabajo por hacer.

Me gusta la nota que me mandó una madre y que sencillamente decía lo siguiente:

> Querida Bárbara (y Bill): Al igual que el reloj de sol, este año sólo voy a contar las horas con sol. No sé dónde estamos y no necesito saberlo. Todo está en las manos de él. ¿Cómo podría estar más seguro?

Sus palabras me recordaron que nada me toca que no haya pasado por las manos de mi Padre celestial. NADA. No importa lo que ocurra, Dios lo ha visto y aprobado soberanamente. A lo mejor no sabemos por qué (a lo mejor nunca sabremos por qué), pero sí sabemos que nuestro dolor no es ningún accidente para el que guía nuestra vida. A él no le sorprende en absoluto. Antes de que nos toque, pasa a través de él.

El arte doloroso de caminar por el túnel

Salir de la oscuridad a la luz del sol ayuda a recordar que estás en un túnel, no en una cueva. Podrás salir si persistes y sigues *caminando a través de ese túnel*. Tengo una amiga especial que se llama Peggy que a menudo comparte tarjetas y pensamientos conmigo, y uno de los mejores que me mandó fue el siguiente:

¡LOS MOMENTOS OSCUROS SON PASILLOS CORTOS
QUE CONDUCEN A PIEZAS ASOLEADAS!

Uno de los mejores consejos de cómo caminar por tu propio pasillo o túnel fue escrito por Robert Maner, un evangelista que vive en Georgia, Estados Unidos. Hace varios años, en un artículo titulado "Cómo caminar por el túnel" en *Herald of Holiness* (Heraldo de santidad), menciona terribles tragedias que pueden ocurrirle a cualquiera de nosotros: una esposa se entera de que el esposo la va a dejar por otra mujer; el médico comunica la pavorosa noticia de que uno tiene un cáncer mortal; una hija soltera adolescente pronuncia las palabras terribles: "Mamá, estoy embarazada"; la policía llama para decir que el hijo murió "mientras manejaba ebrio".

Todas esas tragedias ocurren todos los días, y los cristianos no están exentos. Cuando esas cosas ocurren parece no haber ninguna luz al final del túnel. Conozco esa sensación. Se puede oír Romanos 8:28 vez tras vez, pero todo sigue oscuro, no hay luz por ningún lado.

Uno puede sentir culpa, enojo, amargura y depresión, todo al mismo tiempo. Uno insiste en preguntarse: "¿En qué fallé? ¿Qué hice mal?" Como dice Robert Maner: "Días y noches tristes parecen fundirse en un ocaso sin sentido." Sigue diciendo que aunque uno no puede cambiar lo que ha ocurrido, hay cosas que puedes hacer para mejorarlas. Eres hijo de Dios y eso significa que tienes ciertos derechos, privilegios y recursos. Maner escribe lo siguiente:

Jesús caminará contigo por tu largo y oscuro túnel. Al principio hasta su presencia puede parecer lejana. Pero si te fijas y piensas, él está ahí. Puedes sentirlo parado justo a tu lado. ¿Y si tuvieras que caminar por esta senda solo? Pero no tienes que hacerlo, él realmente está ahí. Puedes hablar con él, compartirle tu amargura, tu enojo, tu culpa. Contarle lo deprimido que estás. Contarle cuánto miedo le tienes a la oscuridad. Decirle lo solo que te sientes.

El te da valor en ese oscuro túnel en el cual la vida te ha metido ....

Aunque no veas ninguna luz al final del túnel, nunca sabes

cuando hay una curva. Y justo después de esa curva puede estallar la luz de un glorioso día nuevo. No puedes verlo desde donde estás ahora, pero está ahí.

Y, también, cada túnel termina en alguna parte. De otro modo, no sería más que una cueva. Y decididamente la vida no es una cueva para el cristiano. Jesús lo verificó con su resurrección. Escucha atentamente y tal vez oigas su voz, pidiéndote que aligeres el paso.

Recuerdo una época en que iba caminando por un túnel hace años. La oscuridad era sofocante, tan espesa que podía sentirla. No se podía ver ninguna luz al final de mi túnel. Oré —o traté de hacerlo— pero no podía pasar más allá del cielo raso. Era imposible dormir, así que salí y caminé en la noche. Cuando miré hacia arriba, todas las estrellas estaban ahí. No faltaba ni una. Había pensado que seguramente no quedaría ninguna, pero estaba equivocado. Y el Dios que las había puesto ahí también estaba donde siempre había estado. Al día siguiente el sol salió como siempre lo había hecho. Los pájaros cantaban también. Ni siquiera ellos me fallaron. El día llegó cuando el túnel dobló repentina e inesperadamente. Había luz, mucha luz. También había respuestas a la oración. No ocurrió de un día para otro, pero sí ocurrió.

Tu túnel tendrá luz al final, cristiano fiel. Sencillamente sigue caminando.[4]

Las "respuestas perfectas" no funcionan

Una forma de pasar por el túnel es recordar que nadie tiene una vida perfecta aunque los avisos y los programas de televisión quieran hacernos creer que es posible. Mi amiga Lynda se veía especialmente bonita y se lo dije. Me comentó que acababa de comprarse un corpiño de la marca "¡NADIE ES PERFECTA!" Eso me recordó cuántos tenemos que vivir en situaciones en las cuales nada y nadie es perfecto, a veces ni siquiera medianamente perfecto.

Es fácil esperar demasiado de la gente o de los productos comercializados como "la respuesta perfecta". Hace poco estaba en un negocio donde se lavan autos y mientras pagaba la cuenta vi en el mostrador unos frasquitos llamados "Olor a auto nuevo". En la etiqueta había una fotografía de un auto flamante envuelto con una cinta y un enorme moño, y sin molestarme en oler la fragancia, compré un frasco, pensando que me gustaría un olor a auto nuevo en mi Volvo año 77.

---

[4] Robert E. Maner, *Tunnel Walking* (El camino del túnel) de Herald of Holiness, Nazarene Publishing House. Usado con permiso.

Cuando llegué a casa, lo rocié por dentro del auto y casi me enfermé por el olor que parecía ser una combinación de aceite viejo, brea y bananas. Si un auto nuevo tuviera ESE olor, el dueño sin duda pensaría que había algún problema.

También recuerdo cuando hace algunos años las tiendas vendían granos en diferentes colores para palomitas de maíz. Los granos eran de un rojo, verde, violeta y anaranjado brillantes. Compré un poco, pensando que cuando reventaran tendríamos palomitas de maíz coloridas. Miramos para ver cómo reventaban, sólo para darnos cuenta de que salían de un blanco nieve como siempre. Los colores que habíamos esperado no aparecieron nunca.

Los anuncios tienen la manera de aumentar nuestras expectativas, pero nos damos cuenta de la realidad de una manera difícil. Ningún aerosol puede hacer que un auto viejo huela a nuevo, y las palomitas de maíz de colores siempre salen blancas. Sin embargo, algo dentro nuestro sigue queriendo creer en esos anuncios. A lo mejor siempre estamos esperando ese milagro y por eso siempre probamos algo nuevo para ver si hace lo que alguien ha dicho que puede hacer, para ver si podemos encontrar la solución perfecta.

La vida se puede poner al revés

Pero nada es perfecto. Tenemos que vivir en un mundo que no es perfecto con gente que esta llena de rarezas y en hogares que tienen imperfecciones. Tengo una amiga que ahorró e hizo economías para comprar un papel tapiz caro para el dormitorio de su hijo. Finalmente llegó después de haber hecho un pedido especial y mi amiga lo llevó a casa y lo guardó, pensando ponerlo en cuanto tuviera tiempo.

Su esposo encontró el papel tapiz, y mientras ella estaba afuera haciendo las compras del día, decidió sorprenderla y ponerlo él solo. Así que trabajó todo el día, empapelando el dormitorio con el hermoso empapelado nuevo, que tenía un motivo de globos coloridos con hilos flotando hacia abajo. Sólo cometió un error: puso todo el papel AL REVES y todos los hilos iban subiendo por la pared como víboras serpenteantes en vez de colgar delicadamente hacia abajo como correspondía.

Cuando mi amiga volvió, se molestó, pero ya estaba todo hecho y no se podía cambiar. Así que ella y el marido sencillamente tuvieron que acostumbrarse a que el empapelado estuviera al revés y a que los hilos fueran para arriba. Ella había querido que estuviera perfecto, pero había salido exactamente al revés de lo que había planeado. No siempre es fácil aprender a vivir con las situaciones al revés, pero es parte de la vida que todos encaramos al vivir con situaciones imperfectas.

Tenemos un reloj en el auto que está adelantado una hora desde octubre hasta abril, cuando cambia el horario. El mecanismo para cambiar la hora está roto, y durante esos meses tengo que acordarme de que el reloj del auto está adelantado una hora más que la vida. Tengo que seguir ajustando mi tiempo y mi horario según un reloj que está adelantado una hora, y a lo mejor eso me está enseñando algo. Algunas cosas en la vida NUNCA son lo que deberían ser y uno tiene que adaptarse. Estar dispuesto a adaptarse a algo que es menos de lo perfecto es una señal de aceptación.

Una madre con el corazón destrozado, cuyo hijo la había desilusionado terriblemente, finalmente aceptó sus pruebas. Una de las cosas que le ayudaron fue este pequeño poema:

ACEPTACION

La aceptación es la respuesta a todos los problemas que
    tengo hoy.
Cuando estoy perturbado, es porque alguna persona, algún
    lugar, alguna cosa o alguna situación,
    algún hecho de mi vida, me es inaceptable, y
    no puedo encontrar la serenidad hasta aceptar que esa
    persona, lugar, cosa o situación es exactamente
    lo que debe ser en este momento.
Nada, absolutamente nada ocurre en
    el mundo de Dios por equivocación.
Si no acepto la vida completamente en términos de la vida,
    no puedo ser feliz.
Necesito concentrarme no tanto en lo que hace falta
    cambiar en el mundo sino en lo que necesito
    cambiar en mí y en mis actitudes.

                              Fuente desconocida

Recibí una carta de una querida dama que admitió que no tenía ninguna ofrenda para mandar al ministerio de ESPATULA, pero que su amor y sus oraciones estaban con nosotros. Dijo:

    Mi esposo no ha trabajado en cuatro años, desde que le amputaron ambas piernas después de un accidente. Mi hijo está en contacto con nosotros ahora, gracias a ESPATULA, y se ha mudado cerca de nosotros para ayudarnos con la granja. Me he recuperado de la cirugía por el cáncer de mama, y le doy gracias al Señor por eso. Sin embargo, el problema del ojo que le conté ha empeorado tanto que los médicos me dicen que perderé la vista totalmente dentro de pocos meses. Pero estoy agradecida porque mi esposo me va a poder leer cuando me quede ciega, y me va a contar todas las tiras cómicas y los chistes así nos podemos reír juntos cada mes cuando llega su boletín. Me he reído más con su boletín que con todo lo demás desde que empezamos con estas pruebas. Cómo alabo al Señor por ESPATULA y la risa que me trae, junto con el ánimo para aguantar cuando todo se ve tan negro.

En medio de su dolor, frente a problemas que enloquecerían a muchos, esta mujer todavía tiene motivos de esperanza.

Dios usa los problemas para endulzarnos

La vida nunca es perfecta, pero Jesús sí lo es, y él toma las imperfecciones —los pedazos rotos y los líos— y los convierte en esperanza. Recuerda, no importa por lo que estés pasando, es pasajero. Puede ser que estés viviendo en un paréntesis, pero sea lo que fuere, no va a durar para siempre.

No hace mucho Bill y yo estábamos manejando en Palm Springs, la famosa comunidad turística en el desierto. Encontramos un puesto junto a la carretera con un cartel que decía: "POMELOS ENDULZADOS POR EL DESIERTO." Pensé: *Así es con todos nosotros cuando vivimos una experiencia en el desierto, cuando estamos en esos baldíos estériles y áridos, cuando parece que no recibimos aliento de nadie. Ese es el tiempo que Dios usa para endulzarnos, cuando aprendemos a darle el problema completamente a él.*

Hay varios pasos por los cuales todos pasamos cuando tratamos de entregarle un problema completamente a Dios. Das el primer paso cuando la vida se levanta para tirarte de un golpe: el de INQUIETARTE. Sientes que estás lleno de cuchillos, que te están triturando por dentro. No hay otra forma de describir la desolación que se siente cuando estás inquieto por dentro.

El siguiente paso es ARDER. Así es: quieres matar a tu hijo, y después quieres matarte tú. Estás tan encendido por la ira y la angustia de la frustración que tu enojo está fuera de control. Literalmente sientes que estás ardiendo por dentro.

El tercer paso es el de ANHELAR. ¡Cómo ansías que las cosas cambien! Te duele por dentro de tanto desear que las cosas vuelvan a ser como eran antes. Anhelas el pasado feliz, y esta etapa frecuentemente es la que más dura.

Pero después tomas el siguiente paso, que es el de APRENDER. Hablas con otros, tal vez encuentras un grupo de apoyo y te enteras de que estás en un largo proceso de crecimiento. Te vuelves más comprensivo y compasivo. Los valores espirituales que aprendiste en el pasado de repente se vuelven reales para ti. Aprenderás mucho acerca del amor incondicional y de darle una mano a otros. El resultado maravilloso es que se alivia tu propio dolor.

Y, por último, tomas el último paso, el de ENTREGAR. Aprendes a volcar el problema sobre el Señor completamente, diciendo: "Sea lo que fuere, Señor. Sea lo que fuere que traes a mi vida, eres lo suficiente grande como para ayudarme a sobrellevarlo." Ahora puedes cederle tu carga a Dios, sabiendo que él tiene el control. El ama a tu hijo más de lo que tú lo amas y no lo ha rechazado por lo que ha hecho. Cuando clavas tu problema al pie de la cruz y dices de corazón que has depositado ese problema con el Señor, entonces te aliviarás de tu pesada carga.

Pero ahora viene la parte realmente difícil. El hecho de cumplir todos esos pasos no significa que no volverás a inquietarte, a arder y a anhelar en ciertos momentos. Pero cada vez durarán menos esas etapas. Y podrás pasar más tiempo entregándolo todo a Dios. En 1 Pedro 5:7 se nos dice que debemos echar toda nuestra ansiedad sobre él. Eso significa depositar las preocupaciones, tal como se deposita el dinero en el banco y se lo deja ahí. Hay muchos padres que me escriben o me llaman para preguntar: "¿Cómo podemos entregarle nuestros hijos a Dios y encontrar alivio para la desolación que sentimos?" Creo, por mis propias luchas, que la respuesta está en las etapas de renuncia que acabo de describir.

INQUIÉTATE un rato... ARDE un rato... ANHELA hasta que puedas seguir adelante... APRENDE todo lo que puedas... y después ENTRÉGALO todo al que cuida de ti. No te preocupes si te parece que no estás progresando, o aun si de repente, sin motivo aparente, te encuentras nuevamente empezando de cero. A lo mejor te das cuenta de que estás inquieto, igual que al principio. Eso es normal y es muy típico del dolor. Nunca olvides que el dolor es un proceso y que tienes que sobreponerte a la devastación de tu vida.

Ahora mismo tienes una ilusión destrozada. Puede ser que no siempre será así, pero por ahora sí, y tienes que aceptarlo. Pero créeme... sí llega la sanidad. El proceso de reparación lleva tiempo, pero estás embarcado en un largo viaje para volver a estar completo y tienes una *puerta de esperanza por delante*. Me encanta la manera en que una mujer firmó la tarjeta que me mandó por la Pascua: "DE UNA PERSONA DE PASCUA QUE VIVE EN UN MUNDO DE

VIERNES SANTO." Aun en medio de este mundo tan desordenado, podemos regocijarnos porque sabemos que nuestro futuro —y nuestra esperanza— están en él.

Pensamientos adicionales

Sólo algunos aprenden por los errores de otras personas;
los demás tenemos que ser las otras personas.

* * * * * *

Cuando te sientes solo,
...te deseamos AMOR.
Cuando estás abatido,
...te deseamos GOZO.
Cuando estás preocupado,
...te deseamos PAZ.
Cuando las cosas parecen vacías,
...te deseamos ESPERANZA.

Fuente desconocida

* * * * * *

EL VERDADERO ENTENDIMIENTO

No entendemos:
El gozo... hasta que enfrentamos el dolor
La fe... hasta que es probada
La paz... hasta que enfrentamos el conflicto
La confianza... hasta que nos traicionan
El amor... hasta que se pierde
La esperanza... hasta que nos enfrentamos con la duda.

Fuente desconocida

* * * * * *

¿CUAL LUZ?
¡TODAVIA ESTOY BUSCANDO EL TUNEL!

* * * * * *

LA ESPERANZA MARCA LA DIFERENCIA

La esperanza busca lo bueno en la gente en vez de insistir en lo peor de ella.

La esperanza abre las puertas mientras que la desesperación las cierra.

La esperanza descubre lo que se puede hacer en vez de quejarse por lo que no se puede hacer.

La esperanza toma su poder de una confianza profunda en Dios y en la bondad básica del hombre.

La esperanza "enciende una vela" en vez de "maldecir la oscuridad".

La esperanza considera que los problemas, grandes o pequeños, son oportunidades.

La esperanza no se hace ilusiones, pero tampoco cae en el cinismo.

Fuente desconocida

* * * * * *

Gracias, Señor,
Por todo lo que me has dado.
Por todo lo que me has quitado.
Por todo lo que me has dejado.

Fuente desconocida

* * * * * *

¡LLEVALE A JESUS TUS SUEÑOS DESTROZADOS!

Capítulo 5

Una carcajada = 3
cucharadas de salvado

DA GRACIAS . . .

*por esposos que se encargan de las pequeñas tareas de
reparación en la casa. Generalmente terminan por
hacerlas lo suficientemente grandes como para tener
que llamar a un profesional.*

*por niños que guardan sus cosas y limpian lo que ensu-
cian. Son tan preciosos que da pena verlos volver a su
casa con sus propios padres.*

Fuente desconocida

Este capítulo es "sólo para reírnos," pero con un buen motivo.
Si hay algo que he aprendido por las pruebas de la vida, es esto: "*El
corazón alegre trae sanidad*" (Prov. 17:22).

Las lágrimas son un lavado, pero la risa sincera es un limpiado en
seco. Una buena risotada vale cien gemidos en cualquier mercado.
El que ríe al último ríe mejor porque

LA RISA ES EL SOL QUE DESPEJA
EL INVIERNO DE LA FAZ HUMANA.

Si puedes aprender a reír a pesar de las circunstancias que te
rodean, enriquecerás a otros, te enriquecerás a ti mismo y, aun más,
¡DURARAS!

Reírse es hacer ejercicio por dentro

Los médicos y los expertos en educación física nos dicen que la risa sencillamente es buena para la salud. Un experto, que da talleres sobre cómo mantenerse en forma, dice que una persona en buen estado de salud se ríe de 100 a 400 veces por día.

Leí acerca de un médico que dice que la risa es el "ejercicio interno". Dice que la risa franca tiene un efecto benéfico en la mayoría de los sistemas principales del cuerpo, y es mucho más divertida que la calistenia. Reírse 100 veces por día hace trabajar el corazón tanto como diez minutos de ejercicio en una máquina de remar. Cuando doy una conferencia, invito al público a probar "hacer ejercicio por dentro": disfrutar de una larga y buena risa a pesar del dolor o de las frustraciones de la vida.

Una calcomanía (de esas que pegan en los parachoques de los automóviles) se convirtió en el título de este capítulo: UNA CARCAJADA = 3 CUCHARADAS DE SALVADO.

Indudablemente ya sabes algo acerca del salvado, el nuevo "alimento milagroso". Se ha comprobado que es eficaz para bajar los niveles de colesterol. El doctor James W. Anderson, que es profesor de medicina en la Universidad de Kentucky y especialista en diabetes, compró una bolsa de cien libras de salvado y empezó a usarlo en su propia dieta. En sólo cinco semanas, su nivel de colesterol bajó 110 puntos, o sea el 38 por ciento.[1]

No estoy segura si la risa puede bajar el colesterol, pero sí es decididamente buena para la salud. Además, la risa es mucho más agradable que comer salvado, que para mí es como el aserrín. Sin embargo, Bill y yo comemos nuestro salvado casi todos los días. Ayuda a los diabéticos a controlar el azúcar en la sangre y sencillamente reduce el riesgo de ataques cardíacos.

¿Alguna vez pensaste en cuántos días desperdiciamos si no aprendemos a reírnos? Alguien dijo: "El día más desperdiciado es aquel en el cual uno no se ha reído." Hay muchos libros sobre cómo amar a la familia, cómo tener éxito en el matrimonio, cómo adelgazar, cómo acumular una fortuna, cómo encarar los problemas, cómo sobrevivir a un terremoto, cómo proceder cuando los adolescentes se escapan de la casa, pero no hay nada acerca de cómo aprender a reír. Cuántas veces se le dice a los padres que lo único que pueden hacer es entregar su hijo por completo al Señor. Pero los

---

[1] Josleen Wilson, *The Oat Bran Way* (El método del salvado) New York: Berkley Brooks, 1989). págs. 71, 72.

padres necesitan oír que Dios puede ayudarles a pasar por cualquier situación que estén enfrentando. Y aprender a reírse puede hacer que el camino sea mucho más cómodo.

Tómate una pausa para reír, ¡realmente funciona!

Leí un artículo que decía que lo mejor que se podía hacer cuando uno se siente abrumado es tomarse un tiempo para reír. Si estás agotada y te sientes vencida, tómate el tiempo para reír. Hasta puede rejuvenecerte.

Un estudio psicológico dividió a sesenta personas en tres grupos, cada uno de los cuales recibió rompecabezas idénticos para resolver. Los tres grupos fracasaron con el primer rompecabezas. Entonces los investigadores les dieron pruebas más fáciles al grupo uno y al grupo dos, como ordenar letras mezcladas para producir palabras. A los dos grupos les fue igual de mal que en el primer rompecabezas que había sido realmente difícil.

Antes de tomar la misma prueba de las letras mezcladas, sin embargo, se les permitió a los integrantes del grupo tres que se tomaran un rato para reírse. Lo lograron leyendo un grupo de diez dibujos cómicos para ver cuál era el más gracioso. Después tomaron la prueba de las letras mezcladas y lograron un buen puntaje. La moraleja es que al la risa puede cambiar el humor. El buen humor permitió que el grupo tres se motivara. El momento de risa le ayudó a sobreponerse a la frustración anterior y funcionar mejor.

Mi caja alegre se convirtió en una sala alegre

He aprendido que la mejor forma de reírme es buscar la risa y juntarla. En mis libros y boletines hago mención frecuente de mi sala alegre, un espacio de unos 20 m. x 3 m. pegado a mi casa, lleno de cosas para producir sonrisas, risas y hasta carcajadas para mí y mis huéspedes. Mi sala alegre empezó como una caja alegre —una caja de zapatos forrada con un papel de colores brillantes— en la cual ponía cosas que me hacían reír. Cuando yo pasaba por los momentos realmente terribles y caminaba por mis propios túneles, buscaba cosas como tarjetas, poemas y hasta versículos bíblicos que me hacían sonreír o reír. De alguna manera, el boletín *La línea de amor* no es otra cosa que la forma en que comparto todo mi gozo con otras personas. Si quieres estar en mi lista de correo, ¡bienvenido!

Durante los primeros años de nuestro ministerio ESPATULA, yo salía para hablar, y si hablaba sobre sandías la gente me mandaba agarraderas para ollas calientes con forma de sandía, con inscripciones graciosas. Si hablaba sobre globos, recibía agarraderas como globos. En poco tiempo mi caja alegre estaba llena y desbordante, y tuvimos que hacer algo más. Me estaban devolviendo tanta alegría por correo que le dije a Bill que tendríamos que construir una sala al costado de la casa, y eso es precisamente lo que hicimos. Ahora, cubriendo cada centímetro de las paredes, hay placas, fotografías, muñecas y chucherías, todo tipo de cosas alegres por todas partes.

Uno de mis ocupantes favoritos de la sala alegre es una mujercita en un cesto comiéndose una prenda recién lavada, con un cartel que dice: "NO ME MOLESTES, YA ESTOY MAS LOCA QUE UNA CABRA." La gente también me ha mandado todo tipo de muñecos y animalitos rellenos. Hay un conejo Bugs de treinta centímetros sentado sobre una zanahoria que mide por lo menos sesenta y cinco centímetros. Lo quiero mucho porque una madre cuyo hijo murió de SIDA lo hizo especialmente para mí. Se sobrepuso maravillosamente a la muerte de su hijo y por lo que pasó en su vida está extendiendo la mano a otras madres que están sufriendo el mismo tipo de dolor. Asiste a nuestro grupo de apoyo de ESPATULA todos los meses. Le encanta hablar o escribir a otras madres para animarlas.

Yo tenía un hombrecito con los brazos cruzados sobre las piernas recogidas y la cabeza apoyada sobre los brazos, con un enorme sombrero para hacerle sombra. Se llamaba Samuel el Soñoliento y se lo regalé a Al Sanders, el locutor del programa de radio "Vox Pop" porque me contó que parece que últimamente siempre le hace falta una siesta por la tarde. Dado que somos de la misma edad, me gusta recordarle a Al que ya está declinando cuando deletrea la palabra "alivio" como s-i-e-s-t-a.

Otro favorito de mi sala alegre es una enorme y hermosa muñeca hecha por una monja católica. Mide como 2.40 m., con piernas y brazos alargados. Es tan realista que engañó al señor del correo que entrega a domicilio los paquetes postales. En vez de tocar la puerta vigorosamente como de costumbre, apenas la rozó con los nudillos. Dijo: "No quería despertar a la señorita." Yo solía llevar a la muñeca conmigo cuando iba a dar charlas. La ponía en el asiento trasero del automóvil y frecuentemente parecía que alguien me estaba acompañando. A veces le decía a la gente en chiste que la tenía en el asiento de atrás para poder ir en el Carril Diamante.[2]

---

[2] En California, el "carril diamante" está reservado para los autos que tienen a dos personas o más que comparten el auto para ir a trabajar.

Mi Sala Alegre está llena de regalos de amor

Además de todos los regalos de amor hechos a mano que decoran cada centímetro de mi sala alegre, recibo muchos poemas y dichos de nuestra familia de ESPATULA. Uno que me gusta especialmente se llama "Reglas del hogar". Fue tomado del boletín de una iglesia y la fuente original me es desconocida.

> Si duermes en él... ármalo.
> Si te lo pones... cuélgalo.
> Si comes de él... ponlo en la pileta.
> Si lo pisas... límpialo.
> Si lo abres... ciérralo.
> Si lo vacías... llénalo.
> Si suena... contéstalo.
> Si aúlla... aliméntalo.
> Si llora... ámalo.

Uno de los ocupantes de mi sala alegre me recuerda que a veces hay que tener un amor fuerte para los hijos. Es un puerco espín que en realidad se parece más a una marmota, pero me recuerda que los hijos pueden devolver el amor de los padres con respuestas tan dolorosas como las púas del puerco espín. Eso es lo que pasó cuando Larry nos repudió y se cambió el nombre, diciendo que no quería volver a vernos nunca más. Pero todo el tiempo que estaba lejos, seguimos amándolo incondicionalmente.

Los padres deben recordar que no pueden cambiar a nadie. Ruth, la esposa de Billy Graham, dice: "Mi tarea es amar a Billy y la tarea de Dios es hacerlo bueno." He adaptado esa idea y digo que mi tarea es amar a mis hijos y la tarea de Dios es tocar sus vidas.

Como alguien dijo, nos pasamos los primeros tres años de la vida de un niño enseñándole a caminar y a hablar y los siguientes quince enseñándole a sentarse y callarse la boca. Pero, en última instancia, hay sólo dos cosas que podemos hacer por los hijos: amarlos y orar por ellos. Así que guardo mi puerco espín en la sala alegre para recordarme que aunque nuestros hijos pueden correspondernos con púas —es decir, pueden hacer o decir cosas que hieren y duelen— nuestra tarea es amarlos con un amor incondicional, no un amor sensiblero, sino un amor fuerte, con algunos límites.

El gozo que se descubre por casualidad

A veces yo no encuentro el gozo; el gozo me encuentra a mí.

Sencillamente es divertido ir por allí a hablar a grupos de mujeres en iglesias, conferencias, almuerzos; todo tipo de lugares donde las mujeres me invitan para compartir con ellas. Su creatividad es sorprendente. A veces decoran la sala con pequeñas espátulas colgando del cielo raso. A veces cada mesa tiene una "caja alegre" como centro. Después de que escribí *Elástico nuevo para madres vencidas,* iba a almuerzos que tenían carteles con muñecas de trapo que representaban a las madres "vencidas". En un caso una dama había puesto una muñeca de trapo entre los rodillos para exprimir de un lavarropas antiguo. Siempre salgo de esas reuniones sintiendo que he recibido más de lo que he dado.

Hace poco iba a dar una charla y me dijeron que me presentaría una mujer que nunca antes había presentado a nadie. Esa querida señora practicó y practicó y hasta hizo una pequeña grabación que me hizo escuchar de antemano para estar segura de que todo estaba bien. Esa noche llegó con un nuevo peinado y un nuevo vestido, con flores y todo. Cuando llegó el gran momento se levantó y dijo: "Estamos muy contentas de tener a Bárbara Johnson con nosotras. Ha escrito un libro y en ese libro hay un capítulo que se llama..." Se puso pálida y yo me di cuenta de que se había olvidado todo su discurso, pero continuó valientemente: "...hay un capítulo que se llama ¡Métete un geranio en el cráneo!"

Me reí tanto que apenas pude comenzar a hablar, pero después pensé: "¡Qué apropiado!" Ella había querido describir un capítulo de *Elástico nuevo para madres vencidas* que se llama, "Ponte una flor en el pelo", y que trata acerca de usar la risa y el humor para sobrellevar los días y las noches que parecen tan interminables cuando hay tragedia y dolor. Siempre me ha gustado la idea de enfrentar los problemas buscando las flores en vez de la maleza. Es por eso que *Ponte una flor en el pelo y sé feliz* se convirtió en el título de este libro. Tal vez no siempre es tan sencillo, pero hay que empezar por algún lado a buscar la alegría y el gozo, y sé que se empieza con una actitud positiva.

Busca el gozo, ¡está por todas partes!

Podemos aprender a buscar la risa y el gozo en los muchos lugares comunes que frecuentamos. Cuando voy a la oficina de correo de La Habra por la mañana, el cemento de la acera es de un gris insípido. Pero si voy por la tarde, cuando le da el sol, el cemento brilla con millones de diamantes pasajeros. Así que generalmente voy por la tarde, buscando el gozo que puede rebotar desde ese cemento a mi vida, para recordarme el brillo que hay alrededor de nosotros, si estamos dispuestos a buscarlo.

Pero, vuelvo a insistir, hay que BUSCAR el gozo. Busca la luz de Dios que le está dando a tu vida, y encontrarás chispas que no sabías que estaban allí. Hace poco, una mamá encantadora con cuatro hijos, todos menores de seis años, me llamó y quería que fuera y la aconsejara. Dije:

—Cuatro niños menores de seis años... ¿quieres que lleve a alguien para cuidarlos o algo?

—No hace falta —me dijo—, tengo la solución perfecta. No habrá ningún problema.

Pensé para mí misma que iba a ser muy interesante. Me preguntaba qué iría a hacer ella para entretener a cuatro niños menores de seis años mientras tratábamos de tener una charla seria.

Llegué a su casa y salimos al traspatio. Entonces ella tomó dos puñados de monedas de un céntimo y las tiró en medio de una enorme enredadera de hiedra que crecía en la colina. Entonces le dio una bolsita a cada uno de sus hijos y les dijo que buscaran las monedas en la hiedra.

¡Qué idea fantástica! Tuvimos una hora sin interrupciones. Yo supongo que repite el ejercicio de las monedas cada vez que necesita un rato para concentrarse o hablar con alguien. De todos modos, es una idea maravillosa porque sus hijos están aprendiendo a buscar el gozo mientras buscan las monedas en la hiedra.

Intenta hacer algo realmente extravagante

En algún lado leí que una forma de incorporar más risas a la vida es hacer algo sencillamente extravagante. ¿Cuánto hace que no haces algo realmente TONTO? Intencionalmente, quiero decir. ¿Como correr en triángulos? ¿O manejar en círculos en un parque de estacionamiento porque sí no más? ¿O ir al mercado con la peluca al revés? Había pasado un buen tiempo sin disfrutar de una diversión tonta, así que Marilyn (mi compañera en diversiones tontas) y yo decidimos remediarlo. Sabíamos de un pastor que se estaba sintiendo realmente deprimido por unos tremendos problemas de familia. El me había dicho: ¡Lo que REALMENTE necesito es una visitación de los ángeles!

Bueno, eso era todo lo que hacía falta. Al día siguiente Marilyn y yo pasamos por el templo, donde entramos inadvertidas a la sala de bautismo y tomamos "prestadas" dos largas túnicas. Fuimos a la casa de nuestro amigo y paramos, para ponernos las túnicas, como a una cuadra de la casa. Casi se le cayó el bolso al cartero que iba pasando cuando vio a dos mujeres salir de un Volvo y ponerse esas túnicas blancas con pesas en la bastilla que sonaban al caminar.

Cuando mi esposo, Bill, se enteró de nuestra broma, le pareció que había sido sacrílega y poco espiritual. Lo que más le preocupaba era saber si habíamos devuelto las túnicas al templo. Pero a nuestro amigo el pastor le encantó. El domingo le contó a todo el mundo acerca de las dos mujeres que habían ido a darle una "visitación de los ángeles".

Es más divertido reírse con otro

Una cosa acerca de la risa es que es difícil reírse solo. Generalmente hace falta otra persona para que mire, escuche o reaccione de algún modo. No podemos hacerlo todo solos, ya sea reírse o cualquier otra cosa que valga la pena. Necesitamos a otras personas en nuestra vida. Necesitamos que otras personas nos ayuden a llevar la carga. A veces le digo a la gente que lea la siguiente historia a su familia para que todos se puedan reír juntos. No conozco la fuente original, pero ilustra maravillosamente el hecho de que "no se puede hacerlo todo solo". Cuando se le pidió a un hombre que completara el formulario de una compañía de seguros para explicar las muchas lesiones por las cuales estaba haciendo un reclamo, esto es lo que dijo:

Estoy escribiendo en respuesta a su pedido acerca de la Sección No. 1 del formulario del seguro que pregunta la causa de las lesiones, donde puse "Por tratar de hacer el trabajo solo". Ustedes me han dicho que necesitan más información, así que espero que lo que sigue sea suficiente.

Soy albañil de oficio, y el día que me lastimé estaba trabajando solo, poniendo ladrillos alrededor de la parte superior de un edificio de cuatro pisos, cuando me di cuenta de que me sobraban unos doscientos cincuenta kilos de ladrillos. En vez de bajar los ladrillos a mano, decidí ponerlos en un barril y bajarlos con una polea que estaba fijada en la parte superior del edificio. Até el extremo de la soga a nivel del suelo y subí a lo alto del edificio, puse los ladrillos en el barril y lancé el barril con los ladrillos. Después bajé y desaté la soga, sosteniéndola firmemente para asegurar el descenso lento del barril.

Como podrán notar por la Sección 6 del formulario del seguro, peso 75 kilos. Debido a la impresión que me produjo ser levantado del suelo de un tirón, perdí la cabeza y me olvidé de soltar la soga. Entre el segundo y el tercer piso me encontré con el barril que descendía. Eso explica los moretones y las laceraciones en la parte superior del cuerpo. Al volver a tomar conciencia de la situación, me agarré fuertemente de la soga y subí rápidamente por el costado del edificio, sin parar hasta que la mano derecha se me atascó en la polea. Eso explica el pulgar quebrado.

A pesar del dolor, no perdí la cabeza y no solté la soga. Sin embargo, aproximadamente al mismo tiempo, el barril con los ladrillos dio contra el suelo y se salió el fondo del barril. Sin el peso de los ladrillos, el barril ahora pesaba unos veinte kilos. Nuevamente les hago notar la Sección No. 6 y mi peso. Como ya habrán adivinado, empecé un rápido descenso. Alrededor del segundo piso, me encontré con el barril que subía. Eso explica las lesiones en mis piernas y la parte inferior del cuerpo. Con una velocidad sólo parcialmente menor, seguí bajando y aterricé sobre la pila de ladrillos. Por suerte, sólo me torcí la espalda y las heridas internas fueron mínimas. Siento tener que informarles, sin embargo, que en este punto volví a perder la cabeza y solté la soga. Como se imaginarán, el barril vacío se me cayó encima.

Espero que esto conteste su pregunta. Por favor, sepan que ya no intentaré trabajar solo.

La vida sigue adelante, así que, ¡a reír!

El poeta Robert Frost dijo que podía resumir todo lo que había aprendido de la vida en dos palabras: "¡SIGUE ADELANTE!" Creo que es muy cierto. El espíritu humano puede sobrevivir al dolor, la pérdida, la muerte, los impuestos y hasta las pantimedias mojadas y la vida sigue... y sigue... y sigue. Mis palabras de aliento para todos aquellos con los cuales me encuentro son: "Desarrollen un sentido del humor para sobrellevar esos días. Sin él, están destinados a la desesperación. Con él, se puede sobrevivir y hasta disfrutar el camino."

Hace años mi caja alegre me ayudó a pasar los días difíciles cuando no tenía nada más a mi favor. Me sentía completamente sola en ese pozo oscuro. No sabía entonces que otros habían pasado por él y habían salido. El hecho de juntar los poemas, los dibujos, los versos y todas las demás chucherías fue una manera de FORZARME a buscar cosas alegres. Me llevó de donde *estaba* adonde *estoy* ahora. Puedo mirar hacia atrás y recordarlo, pero ya no estoy ahí. Pasó; no quedó.

Así que mis palabras para ti hoy son: *Consíguete una caja alegre*. Sencillamente una caja de zapatos y empieza hoy a juntar cosas que son divertidas, simpáticas, inspiradoras. Cuando empieces a juntar gozo, verás que es como un imán. Al principio, la caja de zapatos puede ser suficiente, pero pronto tendrás que usar un cesto. Después hará falta un barril, y antes de que te des cuenta, puedes tener que agregar una habitación a tu casa, como lo hicimos nosotros para darle lugar a todo ese gozo.

Una cosa que atesoro de mi Sala Alegre es una placa de madera en la pared con el nombre BARBARA. Impreso abajo del nombre está el significado: "VINIENDO CON ALEGRIA." Estoy muy agradecida a todos los que han hecho que el amor de Dios abunde y se multiplique (ver 1 Tes. 3:12). Muchos me han mandado cariño y amor y han convertido mi sala alegre en un refugio donde la gente puede venir para descansar, relajarse y aprender a sonreír de nuevo. Algunas de las personas que vienen a verme no se han sonreído o reído por meses, pero el estar en la sala alegre es una forma de terapia. Hasta el reloj de caja parece vibrar el mensaje: "Te quiero, amigo, ¡mucho!"

Siento que me he ganado la sala alegre. He vuelto del pozo negro, de vuelta a la vida.

Una vez estaba hablando con una señora y dije: "Me pregunto si hay algún lugar en la Biblia que diga que Jesús se rió."

Ella dijo: "No sé dónde dice eso la Biblia, pero sí sé que Jesús arregló las cosas para que *nosotros* pudiéramos hacerlo."

Pensé: *Tiene tanta razón. Dios arregló las cosas permitiendo que Jesús muriera en la cruz y levantándolo de entre los muertos. Las arregló para que pudiéramos tener risa y gozo, para que pudiéramos levantar la vista y decir, "Gracias, Señor, por lo que nos has dado: salvación y vida eterna."* Y podemos reírnos. Realmente creo que podemos reírnos y ser cristianos gozosos por lo que él hizo por nosotros en el Calvario.

Pensamientos adicionales

Si hubo un hombre que conoció el dolor, *ese* debió ser Job y, sin embargo, en su historia se encuentra esta promesa del Señor, si se confía en él y si se pone todo en sus manos:

LLENARA TU BOCA DE RISA,
Y TUS LABIOS CON GRITO DE JUBILO.

Job 8:21

* * * * * *

A veces pienso
que entiendo todo.
Después me despierto.

Ashleigh Brilliant
Tiros al azar No. 423

* * * * * *

NO TOMES LA VIDA TAN EN SERIO:
JAMAS SALDRAS DE ELLA CON VIDA.

Fuente desconocida

Capítulo 6

Culpa, el regalo que se perpetúa

Señor,
En mi vida hay cosas innumerables
que son inexcusables.
Hay cosas ilógicas
y cosas inexplicables.
Hay cosas irrefutables
y cosas irresponsables.
Pero se me ocurre con un alivio indecible
que por tu amor maravilloso
no hay nada en mi vida que sea imperdonable.

Ruth Harms Calkin
Beautiful Fact (Hecho hermoso)[1]

Cuando hablo con padres destrozados por la noticia de que una hija soltera está embarazada o que un hijo ha optado por una vida homosexual, generalmente uso dos herramientas favoritas: una botella de "Quita-culpa" y un limpia-parabrisas. Realmente tengo un aerosol con "Quita-culpa" en la etiqueta. Este "producto" tan necesario fue inventado por dos jóvenes que se estaban recuperando de una resaca durante un viaje de pesca. Decidieron que necesitaban una forma moderna de deshacerse del sentimiento de culpa, así que

---

cuando volvieron a casa establecieron su propio laboratorio y empezaron a producir botellas de un cuarto de litro de agua de rosas
llamado "Quita-culpa" para vender en las tiendas de los Estados
Unidos.

Con todo el dolor y la culpa que hay flotando por ahí, esperaban
vender por lo menos un millón de botellas el primer año, y estoy
segura de que alcanzaron su meta. Pero, desafortunadamente, una
aplicación de "Quita-culpa" no elimina la culpa. La razón por la cual
muestro la botella es para hacerle pensar a la gente en la verdadera
manera de librarse de la culpa, con 1 Juan 1:9, que dice: "Si
confesamos nuestros pecados, él es fiel y justo para perdonar
nuestros pecados y limpiarnos de toda maldad."

La humorista Erma Bombeck dice que la culpa es "el regalo que
se perpetúa" y eso es muy cierto. Hay demasiados de nosotros
—madres o hijos— que podemos identificarnos con el pensamiento
que vi expresado en un cartel no hace mucho:

> MI MADRE ERA LA AGENTE DE VIAJES DE
> LOS VIAJES DE CULPABILIDAD.[2]

Por eso también llevo un limpia-parabrisas cuando doy una
charla, para recordar que tenemos que borrar el pasado. No
podemos pasarnos el tiempo torturándonos por los errores que
hemos cometido (o que creemos haber cometido). A lo mejor hemos
tenido padres alcohólicos o hemos sido víctimas de incesto. Nos
pasan todo tipo de cosa que nos causan dolor y culpa, pero no
tenemos que cargar con ese "regalo". Podemos decir: "Señor,
limpia ese pensamiento o ese recuerdo de mi mente. Ayúdame a
pensar en cosas que son buenas, puras y hermosas (Fil. 4:8) mientras
transformas mi entendimiento desde adentro" (Rom. 12:2).

¡Dios también tuvo un hijo problemático!

Los padres siempre preguntan: "¿En qué me equivoqué?" Yo
les digo que Dios era un padre perfecto, ¡y hay que ver el lío que tuvo
con Adán! ¿Quiénes somos nosotros para pensar que podemos ser
padres y no tener grandes problemas con nuestros hijos? Mientras
estaba en un programa de radio, un pastor llamó y me dijo que una
mujer en su congregación tenía un hijo homosexual. La mujer estaba

---

[2]Copyright 1987 *Remarkable things* (Cosas notables), Long Beach, CA. Usado con el permiso de
Larry Thomas.

fuera de sí y él estaba preguntándose lo que le podía decir. Yo le dije esto:

Lo primero que le puede decir es que ella no tiene la culpa. Ayúdela a no meterse en el juego de la culpa. Dios fue un padre perfecto, y mire el lío que tuvo con Adán. Así que trate de hacerle ver que la homosexualidad de su hijo no es culpa de ella, ella no ha hecho *nada* para contribuir a eso. Lo primero que puede hacer es quitarle el sentimiento de culpa, y después ayudarle a tenderle la mano al hijo con un amor incondicional.

Durante muchos años, los psicólogos han discutido acerca de lo que realmente forma la personalidad: los genes o el ambiente. La forma en que los padres crían al hijo es importante, pero estudios recientes muestran que los genes desempeñan un papel primario. Algunos expertos creen que padres buenos pueden tener hijos terribles y padres malos pueden tener hijos fantásticos. Muchas veces no hay una conexión clara entre la forma en que los hijos son criados y el producto final.

Me encuentro con muchos padres torturados por la culpa, que preguntan: "¿Qué hice mal?", cuando sus hijos se descontrolan. Les ayuda saber que mucha de la investigación psicológica más reciente llega a la conclusión de que los padres no pueden recibir demasiado crédito o culpa por lo que resultan ser los hijos.

No estoy tratando de quitarle toda responsabilidad a los padres de hacer lo mejor que puedan para criar a sus hijos. Dios dice claramente: "Instruye al niño en su camino; y aun cuando sea viejo, no se apartará de él" (Prov. 22:6). Pero lo que los psiquiatras están diciendo debería ayudar a aliviar un poco la culpa de los padres que sienten que han fallado totalmente. Mucho de lo que nuestros hijos resultan ser y hacen *no es culpa nuestra.* Nuestra tarea es amarlos y dejar los resultados finales a Dios.

Uno de los gastos principales de ESPATULA es la cuenta de teléfono. Recibo y hago llamadas por todo el país a padres que necesitan ayuda. Son innumerables las llamadas que recibo de madres que se han vuelto completamente "locas" por las acciones de sus hijos. Me puedo identificar con ellas porque yo he estado igual. Todos tenemos esos sentimientos de pánico en diferentes momentos y me hizo bien recibir la siguiente carta de una madre que cuenta tan claramente cómo se enfrentó al pánico y a la culpa y volvió a la realidad:

> Estaba muy cansada después de dos años de despertarme a las dos de la mañana con dolor de estómago. Sabía que si seguía así, terminaría arruinándome del todo. Así que me "encaré" a Dios. Le dije que Carla es más *de él* que mía, y que él la ama más de lo que la amo yo.
>
> Le dije: "Señor, *tú* deberías estar cuidándola. Tú sabes cómo llegar a ella donde yo no puedo." En ese momento tomé mi carga y se la *dejé.* Ya no siento culpa, porque sé que fui la mejor madre que era capaz de ser. Probablemente cometí muchos errores, pero nunca nadie podría decir que no me IMPORTARA .... Esta es mi filosofía, y me ha ayudado a sobreponerme a la terrible depresión de saber que mi hija es lesbiana. A lo mejor le ayudará a alguna otra madre que está pasando ahora por lo mismo que yo estaba pasando el año pasado.

La mujer con pelo de hamster

Las madres tienen todo tipo de respuesta emocional cuando se enteran de que su hijo está involucrado en algún comportamiento pecaminoso. Cuando yo me enteré de la homosexualidad de Larry, me sentí inundada por la culpa además de síntomas físicos como "un elefante en el pecho", "una alfombra en la garganta" y "dientes que picaban". Me encontré con una madre que había perdido todo el pelo en el espacio de una semana después de enterarse de que su hijo era homosexual. La conocí en una reunión, y cuando se quitó el pañuelo que llevaba en la cabeza, sólo había pedacitos de cuero cabelludo con pelusa y pelo finito, parecido al pelo de un hamster.

Traté de ayudarle, recordándole que lo que resultan ser nuestros hijos no está realmente bajo nuestro control. Debo admitir, sin embargo, que me sentí aliviada cuando se volvió a poner el pañuelo y se cubrió ese horrible cuero cabelludo. No tenía idea de si volvería a tener pelo, pero hace poco recibí una llamada y una voz alegre me preguntó:

—¿Recuerda la mujer que conoció con pelo de hamster?

En realidad, tenía sólo un vago recuerdo de la mujer en sí, pero jamás podría olvidar ese pelo de hamster.

—Bueno —continuó—, quiero que sepa que mi pelo ha crecido, abundante y espeso, ¡y hoy me hice una permanente "afro"!

¡Esa fue una noticia fantástica! El pelo puede volver a crecer, los dolores de estómago pueden parar y los corazones se pueden remendar, aunque muchas veces es un proceso más largo el de remendar un corazón que el de hacer crecer una cabellera.

Parte del ministerio de ESPATULA es ayudar a la gente a aprender a vivir con el dolor porque los cambios raramente están a la vista y las ansiedades a largo plazo a veces duran por períodos indeterminados. Por eso siempre me gusta recibir testimonios de padres que han aprendido que pueden confiarle a Dios todos los problemas y los dolores de la vida. Todos podemos enfrentar el mañana mientras tengamos plena confianza en él.

Colgué el teléfono después de hablar con mi amiga y le agradecí a Dios de que su peinado "afro" fuera una señal de recuperación, de crecimiento nuevo, de algo que surgía donde todo había sido estéril. Así que anímate. A lo mejor has tenido tus propias señales de pánico, pero a que nunca tuviste pelo de hamster, ¿verdad? Así que siempre hay un motivo de agradecimiento. ¡Te podrías haber quedado calva por todo ese trauma!

Durante una sesión de preguntas y respuestas en una conferencia, una mujer me preguntó cómo podía ayudar a su marido a desprenderse de la culpa que sentía por la forma en que se estaba portando su hijo adolescente. Le dije que todos teníamos que desprendernos de esa culpa en nuestra vida porque ninguno de nosotros es perfecto. Ninguno de nosotros ha sido precisamente el padre perfecto. Lo que la mujer podía hacer era tratar de ampliar la visión de su marido y hacerle saber que Dios le ha perdonado los errores cometidos al criar al hijo. Para ayudar a alguien que está sufriendo sentimientos de culpa, hay que animarlo a depositar esa culpa al cuidado de Dios y pedir perdón. Indícale un versículo como el Salmo 32:1:

BIENAVENTURADO AQUEL
CUYA TRANSGRESION HA SIDO PERDONADA,
Y HA SIDO CUBIERTO SU PECADO.

Una vez que la persona pide perdón y dice: "Señor, hice un lío, perdóname", entonces puede seguir adelante con la vida. Lo más importante es que *no tienes que vivir con toda esa culpa*. Pienso que sencillamente tenemos que decir que hicimos lo mejor que pudimos con lo que sabíamos. De ahí en adelante, los resultados están en las manos de Dios. Si falla una cosecha, eso también está en las manos de Dios. Y a medida que uno se lo da a Dios y aprende a dejárselo, entonces no hace falta seguir castigándose por todos los pecados recordados. Podemos deshacernos de la culpa, cosa que todos necesitamos hacer.

Una mamá insistía en llamarme, a las tres de la mañana

Es curioso como algunos nos seguimos aferrando a nuestra culpa. Había una madre que persistía en llamarme a las tres de la mañana porque sencillamente no entendía por qué Ted era homosexual. Vivía en la costa este del país y con frecuencia me llamaba a las seis de la mañana (las tres donde vivo yo). Siempre estaba llorando y diciendo: "No sé por qué Ted es homosexual."

Yo tampoco sabía por qué, pero parecía que necesitaba hablar con alguien, aunque fueran las tres de la mañana en la costa oeste. Así que la dejaba hablar y hablar y hablar.

Bill me dijo: "¿Por qué no le dices que hay tres horas de diferencia para que deje de llamar a las tres de la mañana?"

Pero ella nunca pareció entenderlo. Por fin me hizo otra llamada más a las tres de la mañana para decirme: "Estoy muy contenta. Me acabo de enterar por qué Ted es homosexual. Es porque es el único de los cinco hijos al que no amamanté."

Le dije que era bueno saberlo, pero pensé para mis adentros: *Bueno, ahora que te enteraste de ESO, puedes empezar a hacer algo con tu vida y con tu matrimonio y dejar de llamarme a las tres de la mañana.*

Esa pobre madre tenía que agarrarse de ALGO y en cuanto supo por qué, entonces pudo seguir adelante con la vida. Había estado en un cilindro para ejercitar ratas, pero una vez que se bajó, pudo mirar hacia adelante a algo más. Yo sabía que el haberle dado pecho o no a Ted no era la respuesta a la homosexualidad de él, pero si ella quería atribuirlo a eso por el momento, yo la dejaría. Ella necesitaba algo para estabilizarse y poder seguir adelante. Entonces pude hacerle ver que podía poner su problema en las manos de Dios. Ah, eso sí, ya no me llama más a las tres de la mañana.

Barney era nuestro tesoro travieso

Nunca sabemos cómo van a resultar los hijos. Cuando estábamos criando a nuestros hijos, tal vez hubiera dicho que Barney, el menor, sería el que nos traería más problemas. Su verdadero nombre es Dean, pero cuando era pequeño le encantaba una canción que se llamaba "Barney Google", que él tocaba constantemente en nuestra pianola. Así que le pusimos Barney de sobrenombre y así se le quedó.

Hablé de Barney en *¿Dónde renuncia una madre?*:

...cómo lo traje a casa del hospital la Navidad por la mañana, todo abrigadito en una media navideña roja que el hospital les dio a todos los bebés que volvían a casa en Navidad;

...cómo él y otro muchachito pintaron de negro la terraza del vecino cuando tenía seis años;

...cómo cuando tenía nueve años detuvo todo el supermercado cuando echó una moneda en una ranura de la caja registradora y se fue al mecanismo del engranaje e hizo cortocircuito en toda la tienda.

...y cómo, cuando tenía diez años, mientras yo estaba trabajando medio día, él cambiaba la lista de tareas que les dejaba a él y a sus hermanos para hacer después de la escuela y las firmaba con mi marca especial, poniéndose lápiz de labios y poniendo los labios en el papel, como siempre lo hacía yo. Porque escribía las notas trabajosamente con máquina, sus hermanos y yo nunca sospechamos, hasta el día en que Larry se quejó de que tenía una lista tan larga que era imposible hacerla toda. Fue entonces que me fijé y me enteré del plan fraudulento de Barney.

Por suerte, Barney era encantador y eso nos ayudó a soportar todas sus travesuras. Cuando llegó a la escuela secundaria, pensé que podríamos tener algunos problemas serios, especialmente con la pérdida de dos de sus hermanos. Tenía diez años cuando Esteban murió en Vietnam y quince cuando murió Timoteo.

Pienso que la muerte de Timoteo fue la más difícil para él porque estaban muy unidos. Dudo que yo haya sido de mucha ayuda para él en esa época. Probablemente no le haya ayudado en absoluto porque me pasé tanto tiempo llorando en el basural. Francamente, en realidad no me preocupé mucho por él. Parecía estar enfrentándolo todo bastante bien, y además se había convertido en el muchacho universal. Se arreglaba con cualquier cosa. Comía cualquier cosa. Hacía cualquier cosa que se le pedía —ningún problema— con la excepción de las boletas de tráfico.

Antes de que cumpliera los dieciocho años tuve que acompañar a Barney al juzgado *veintidós veces* por boletas de tráfico. Algunas eran por exceso de velocidad, pero la mayoría eran tonterías que le daban por no tener todo el equipo correcto en su moto. Así que teníamos que ir al juzgado en Pomona, lo que significaba pasar la mayor parte del día ahí. Ibamos por la mañana y nos quedábamos sentados por muchísimo tiempo, íbamos a almorzar, volvíamos y seguíamos sentados por un buen rato más, esperando nuestro turno.

Por fin, nos tocaba hablar con un comisionado que decía: "Ahora bien, no vas a volver a hacer esto, ¿no? Tienes una buena madre que te acompaña pero la próxima vez vamos a quitarte el permiso o a multarte."

Barney mostraba su sonrisa encantadora y decía: "Sí, señor; ¡no lo voy a hacer nunca más!"

Bueno, en poco tiempo le daban *otra* boleta a Barney e íbamos y veíamos a *otro* comisionado. Por suerte, nunca nos tocaba el mismo hombre dos veces seguidas, así que Barney nunca perdió el permiso, ni siquiera lo multaron. Cuando veo a Barney ahora le digo que me debe unas vacaciones de dos semanas pagadas por todo el tiempo que pasé yendo con él al juzgado. Ahora está casado y su preciosa esposa, Shannon, desempeñó un papel importante en llevarlo a una entrega total a Cristo. Tienen dos hijas hermosas, Kandee y Tiffany. Su hogar está verdaderamente dedicado al Señor, que ha hecho cosas maravillosa por ellos y a través de ellos.

La vez que giré en "U"

Hace poco la culpa que sentía por las andanzas de Barney me dio como un bumerán cuando hice una de mis corridas diarias al correo de La Habra, que queda justo al lado del cuartel de policía de La Habra. Al salir del correo vi una señal grande que decía "prohibido girar en U", pero como estaba apurada, di una hermosa vuelta en "U" para volver en la dirección correcta lo más rápidamente posible.

No había avanzado ni media cuadra cuando un auto de policía apareció detrás de mí con la sirena a todo vapor y la luz roja girando. Un montón de estudiantes secundarios estaba pasando en ese momento, así que ahí estaba yo en el auto mientras ellos me señalaban y coreaban: "¡JA! ¡JA! ¡JA! ¡JA! ¡JA!", mientras el oficial se acercaba y se quitaba los guantes. No me habían puesto una multa en muchos años, pero me acordaba que así era como lo hacían. Se paran ahí y se quitan los guantes, dedo por dedo mientras uno está sentado, traspirando (suavemente, por supuesto). Por fin se los quitó y preguntó: "¿No vio el aviso que decía que está prohibido girar en U?"

Por supuesto que le dije que lo había visto, pero que "no pensaba que lo decían en serio".

El oficial no estaba muy convencido, así que mientras los estudiantes me miraban y se reían, él me escribió la boleta. Todo ese tiempo lo único que yo quería hacer era escapar de allí. Por fin, tomé la boleta, la metí en la guantera y me alejé de la acera. Habría avanzado unas dos cuadras cuando de repente volví a escuchar una sirena. Ahí en el espejo retrovisor estaba un auto de policía con la luz roja dando vueltas.

Pensé: *¡Dios mío! Sólo avancé dos cuadras; ¿qué habré hecho?* Volví a acercarme a la acera y el mismo oficial se acercó, quitándose esos guantes, un dedo a la vez. Después me preguntó:

—¿Tiene la boleta original que le di?

Busqué en la guantera y le di lo que él me había dado.

—No —me dijo—, necesito el original.

—¿Se supone que debo tener más de una? —pregunté—. Es todo lo que tengo, es todo lo que usted me dio.

—Bueno, necesito el original—, era todo lo que me decía.

Miró en el asiento trasero del auto donde tenía todas las cosas de ESPATULA y por fin decidió que no tenía la boleta original. Así que me dijo que pasara un lindo día y me dejó ir. Puse la copia de vuelta en la guantera y me fui. No le iba a contar a nadie acerca de esa boleta, especialmente a Bill, porque a él nunca se las dan, y ésta era la primera que me habían dado en muchos años. No sabía lo que iba a hacer con la boleta. Pensé en ir a "AAA" (Asociación Americana de Automovilistas) para que de algún modo ellos me ayudaran.

Pasaron varios días, y yo sabía que era hora de hacer algo acerca de esa boleta. Entonces llegó una carta en el correo dirigida a mi esposo: "Sr. Bill H. Johnson", de parte de la Policía de La Habra. La carta decía: "Estimado señor Johnson: Puede desechar la boleta que se le dio por girar en 'U' en La Habra porque se perdió el original."

Cuando Bill vio esa carta, casi se vuelve paranoico.

—¿Qué es esto? No me dieron ninguna boleta. ¿Por qué me están mandando esto? ¡ESTO TIENE MI NOMBRE!

Bill sabía que no le habían dado ninguna boleta. Pero dejé que sufriera un rato. ¿Por qué aliviar su sentimiento de culpa? Por fin le dije:

—No es tu boleta, es la mía.

Lo único que se le ocurrió decir fue:

—Te la mereces; siempre haces eso.

Me tiró toda esa culpa encima, cosa que yo ya sabía que haría, y por eso no se lo había querido decir desde un principio. Me molesté un poco y le dije:

—Si todos recibiéramos lo que merecemos, todos mereceríamos ir al infierno, pero es sólo por la gracia de Dios que alguien se salva.

Ese profundo trozo de teología lo calmó un poco, pero no hizo mucho por aliviar mi sentimiento de culpa, así que esa semana fui y compré una caja de bombones y la llevé al cuartel de policía. No quería decirles quién era yo, porque cuando la policía le da a uno una boleta y la pierde, es como que le pegaran un tiro y erraran. Pero si les daba mi nombre, ¿quién sabe? Podrían buscar y a lo mejor encontrarían mi boleta. Así que sencillamente dejé los bombones en el mostrador y dije:

"Que pasen un lindo día", y me fui.

Cuando llegué a casa, pensé en llamar a Barney para contarle lo que había pasado. Después de veintidós boletas propias, a lo mejor le interesaría.

Me comuniqué con Barney y le conté toda la historia de cómo me dieron la boleta por girar en "U" y cómo había venido la carta diciendo que habían perdido la original así que podía descartar la boleta.

—¿Cómo puede ser? —preguntó Barney—. A mí me dieron veintidós y jamás tiraron ninguna de las mías.

No pude resistir, tuve que decirlo:

—Bueno, Barney, si realmente VIVES como corresponde...

Barney se rió, pero hay una pequeña posdata para esta historia. Poco tiempo después, estábamos por salir de viaje en auto y paramos en su casa. Entramos e intentamos despedirnos rápidamente de Barney, Shannon y sus hijitas, pero antes de salir, Barney dijo: "No se pueden ir todavía. Queremos orar por ustedes."

Así que este hijo grandote nuestro de dos metros nos agarró de las manos, nos puso en un pequeño círculo y oró por nuestra protección en el viaje. Estoy segura de que él y su pequeña familia han orado por nosotros muy frecuentemente —probablemente a diario— pero de algún modo, el hecho de pararme en ese círculo de seis personas y que mi hijito menor orara por nosotros realmente me llegó. Se había completado el círculo. Todos los años de orar por nuestros hijos... de dedicarlos al Señor... de enseñarlos, de guiarlos, de amarlos, de cuidarlos... de verlos cómo nos destrozaban el corazón y después ver su maduración y cómo se iba formando el diseño de Dios en su vida ... ¡todo eso ha dado fruto! Como dijera alguien: "Los hijos no son un préstamo a corto plazo, ¡son UNA INVERSION A LARGO PLAZO!"

Barney me enseñó algo acerca de la culpa

Solía pensar que tenía que ser buena con Barney porque él sería el que escogería mi hogar de ancianos, pero ahora que tengo diabetes y probablemente no me va a hacer falta, ¡ya no hace falta que sea tan buena!

Algo que me enseñó Barney es que la condenación sólo amontona más culpa. Cuando Bill y yo nos enteramos de la homosexualidad de Larry, Barney nos dijo que él lo había sabido por un buen tiempo. Pero al no tener un carácter condenatorio, no había dicho nada. "Vive y deja vivir" era su filosofía, y cuando miro hacia atrás puedo ver que hay sabiduría en ella.

Pero estaba atrapada por ser madre, una madre que tenía que mantener sus normas. No podía aceptar a un hijo homosexual. ¡Antes preferiría verlo muerto! Me convertí en una cristiana llena de culpa, segura de haber cometido graves errores que hicieron que Larry resultara ser lo que era. Y después cometí un error aún más grave al rechazarlo y juzgarlo. Pero cuando dije "Sea lo que fuere, Señor", en el viaducto adonde había ido para suicidarme, no sólo entregué a Larry a Dios, sino que le entregué toda mi culpa también y supe lo que era el verdadero perdón por primera vez en once meses.

Se lo entregué TODO a Dios: Larry, mis propios fracasos y todo lo que el futuro pudiera traer. Pude extender la mano y aceptar el perdón purificador de Dios para poder presentarme limpia ante el Señor. Muchos padres sufren sin necesidad porque por no enfrentar su culpa no reciben la libertad para *vivir sin culpa*. Encontré una tarjetita que colgué en la pared de mi sala alegre:

> Querido Señor:
> He pecado
> contra el cielo
> y contra ti.
> Ya no soy digno de ser llamado hijo tuyo.

Hijo, lo sé ... lo sé ...
Pero mi Hijo
por siempre es digno
de ser llamado tu Salvador.

Ruth Harms Calkin
Forever Worthy[3] (Por siempre digno)

Esa tarjeta me dice que Dios cree que soy digna de ser amada y que tú también lo eres. Somos dignos de ser amados, aun con nuestros pecados, aun con eso degradante que tenemos. Aun con nuestras fallas. Aun con el pasado vergonzoso. Aun con nuestra rebeldía.

Las Buenas Nuevas son que podemos dejar de clavarnos en una cruz porque Jesús fue clavado en una cruz por nosotros. Si aceptamos su perdón, podemos vivir una vida libre de culpa de ahora en más.

Más de cuatrocientos años antes de Cristo, un poeta griego dijo: "Ni siquiera Dios puede cambiar el pasado." En cierto sentido tenía razón. Lo que pasó, pasó y no hay modo de volver atrás y cambiarlo. Pero en otro sentido estaba muy equivocado. Dios cambió el pasado cuando envió a su Hijo a morir en la cruz por nuestros pecados. Eso proveyó la única forma posible de borrar tu pasado pecaminoso y el mío. Por eso 1 Juan 1:9 tiene sentido. Por eso podemos seguir yendo a Dios, pidiéndole perdón. Cada vez que pecamos, tenemos un abogado con el Padre: su Hijo, Jesucristo (ver 1 Juan 2:1).

Todos somos tesoros en sus manos

El ópalo es una piedra hermosa, pero cuando está en la caja del joyero, es frío y sin brillo ni vida. Pero una vez que el joyero lo toma en su mano, el calor de su piel despierta tonos y colores brillantes. Del mismo modo, cuando mantenemos al Señor a distancia y no le permitimos trabajar en nuestra vida, no hay brillo, no hay color, no hay profundidad de vida. Pero cuando permitimos que la mano del Maestro nos toque, su amor nos da calor y sabemos que somos joyas para su reino. Hasta entonces somos tesoros escondidos.

---

[3]*De Lord, You Love to Say Yes* (Señor, te encanta decir que sí) por Ruth Harms Calkin, copyright 1976 Tyndale House Publishers, Inc. Usado con permiso. Todos los derechos reservados.

Puede ser que hayas visto el cuadro del niño que dice: "Sé que soy ALGUIEN ... ¡porque DIOS no hace BASURA!" Ese niño tiene una mejor comprensión del amor y el perdón de Dios que muchos padres. Su autoestima ha sido destruida por algo que ha fallado en la familia. La culpa ha destruido su autoestima, y sienten que no tienen ningún valor. Conozco esa sensación: la sentí por once meses sin alivio, y de vez en cuando todavía la siento cuando me olvido por el momento de que soy muy especial para Dios.

Uno de los regalos más divertidos que he recibido para mi sala alegre es un plato rojo brillante en el que viene impreso: "¡Tú eres especial hoy!" A lo mejor habrás oído hablar de esos platos rojos. Vienen de una costumbre de las familias de los primeros colonizadores de los Estados Unidos. Cuando alguien merece reconocimiento o atención especial, se le sirve la cena en un plato rojo.

Qué buena idea para honrar a una persona especial con un recordatorio visible de amor. Pero lo mejor del plato rojo es que me recuerda que hoy soy especial para Dios, aunque no sea mi cumpleaños, ni el día de la madre, ni ningún otro feriado. Dios me ama todos los días, y *siempre soy especial para él*.

Ya no me embarco en viajes de culpa, porque Jesús limpió mi hoja. No puede ver mi pecado porque está cubierto por su sangre. Me dio una túnica blanca de justicia, que se mantiene limpia con un jabón especial llamado PERDON. Porque Cristo está en mí, tengo la esperanza de la gloria, y por él yo merezco ese plato especial *todos los días de mi vida*. Cualquiera que viene a visitarme a mí y mi sala alegre verá mi plato rojo, en un lugar de honor para que todos lo vean. Lo admiro con frecuencia, como compensación por todos los años que no lo tuve para recordarme lo especial que soy para Dios.

Cómo quisiera poder tocar a todos —tanto a padres como a hijos rebeldes— y darle a cada uno un plato rojo brillante como el mío. Quiero recordarles lo especiales que son para mí y para Dios, son ALGUIEN muy importante a los ojos de él. La vida es demasiado corta para estar paralizada por la culpa, así que hay que aceptar su perdón y seguir adelante con la vida, dispuesto a hacer lo mejor que se pueda.

Pensamientos adicionales

CALMATE

Si Dios no quisiera que volviéramos a comenzar...
¿nos habría dado el lunes?

De una calcomanía

∗ ∗ ∗ ∗ ∗ ∗

LA BUENA AMA DE CASA

Señor, no es el polvo y el desorden a plena vista
    lo que me molesta.
Es ese polvo escondido... ya sabes, detrás de la
    refrigeradora, en los armarios, debajo de la cama.
El polvo que nadie ve o conoce aparte de mí.
Es igual con mi vida, Señor.
Son esos pecados escondidos con los que no doy abasto...
    esas quejas, los rencores, los resentimientos,
    las emociones ásperas no expresadas, las actitudes
    superiores.
Pensamientos y sentimientos que nadie conoce aparte de
    mí... y de ti, Señor.
Ayúdame, Padre, a limpiar el corazón como limpiaría la casa.
Quita todo el polvo y las telarañas del orgullo, los malos
    sentimientos y el prejuicio.
El polvo detrás de la refrigeradora no va a dañar a nadie.
El polvo en mi corazón sí.

Fuente desconocida

∗ ∗ ∗ ∗ ∗ ∗

PARA UN NUEVO COMIENZO, HAZ ESTAS OCHO COSAS:

1. Nace de nuevo.
2. Acepta el perdón de Dios.
3. Perdona a los demás libremente.
4. Aprende todo lo que puedas de tus errores.
5. Convierte tu punto débil en tu punto fuerte.
6. Acepta lo que no puedes cambiar y, con la ayuda de Dios, conviértelo
   en algo hermoso.

7. Deja el pasado atrás.
8. Levántate y comienza de nuevo.

Fuente desconocida

* * * * * *

LA PROMESA "QUITA-CULPA" DE DIOS

"Ahora pues, ninguna condenación hay
para los que están en Cristo Jesús..." (Rom. 8:1).

Capítulo 7

Un día van a estallar mis capullos de calma para florecer en histeria

La vida suele verse mejor por la mañana.
El problema es lo que tarda en llegar.

El problema con la tensión es que puede venir de cualquier parte, a cualquier hora, en cualquier lugar. Estaba en Texas para hablar en un gran banquete y cuando empecé a ir hacia el podio una mujer me agarró del brazo y me dijo: "No apoye el pie muy atrás porque hay un agujero en la alfombra y se le puede enganchar el tacón."

Bueno, me cuidaría de no hacer eso. Seguí hacia la plataforma cuando otra mujer, que había hecho todo el arreglo floral, me susurró: "No empuje el podio. ¡Pueden caerse las flores!" Eso me recordaba un poco al tipo que más temprano, junto a la mesa de libros, me había dicho: "No se apoye demasiado cuando firme los libros porque la mesa se desarma fácilmente."

Para cuando llegué al "área peligrosa" conocida por el nombre de podio, estaba bastante tensa, pero justo antes de empezar a hablar, vi que se me acercaba el encargado de mantenimiento con un vaso de agua. *¡Qué amable!*, pensé. *Por fin algo positivo.* Pero al poner el vaso en el podio, me dio el golpe de gracia: "Tenga cuidado; a la última persona que habló se le cayó el agua en el micrófono y casi se electrocuta."

De algún modo continué con la charla y por suerte no se me enganchó el tacón en la alfombra, las flores no se cayeron del podio y ni siquiera toqué el agua, así que a pesar de todo la pasamos bien.

Cuando la verdadera tensión es una compañera constante

Por supuesto que ESE tipo de tensión no es nada comparado con lo que me cuentan en carta tras carta las madres y demás personas totalmente tensas que me escriben todos los meses. Están experimentando *verdadera* tensión y cada mes incluyo una o dos cartas en el boletín *La línea de amor*, para dejar que los lectores midan su propio progreso en salir del pozo. Me identifico con los escritores de esas cartas porque yo misma he ocupado el pozo, y sé que ayuda leer acerca de la forma en que otros están viviendo la misma lucha emocional. No parece tan irreal cuando uno se entera de otro que tiene la tensión como compañera constante. Una mujer escribió para decir lo siguiente:

Querida Bárbara y compañeros:
Como siempre, disfruto mucho de sus boletines, no sé cómo encuentran tanto material nuevo cada mes. Sé que Dios está con ustedes todos los días, para que puedan seguir con tanta esperanza y oración para los padres que estamos sufriendo. Han sido cinco años para mí y hay días que pienso que no puedo vivir uno más. Sigo viviendo en oración constante y esperanza por un cambio. Todavía lloro con sólo pensar que esto le pueda suceder a mi familia, y jamás, jamás lo comprenderé. Pienso que nadie en la familia sospecha; por lo menos nadie lo demuestra. Sueño en irme muy, muy lejos, donde nadie, aparte de Dios, lo supiera.

Otra madre agonizó:

Estos tiempos han sido horribles, y a veces me pregunto si habrá alivio. Ahora me siento paralizada y lloro por las cosas más tontas. A lo mejor no llevará tanto tiempo, pero voy a seguir orando...

Otra carta que recibí sencillamente decía: "¡Socorro! ¡Por favor ayúdenme! ¡Mi hijo se salió del ropero y me puso dentro!"[1]

Otra madre me mandó un pedido desesperado que me puso *a mí bajo* tensión:

Por favor mándenos casetes para padres torturados por la culpa (nosotros).

---

[1] "Salirse del ropero" es la expresión que en Estados Unidos se usa para alguien que ocultaba su homosexualidad y después la admite y la practica abiertamente. Nota del editor.

Mi esposo está al borde del colapso nervioso, y yo estoy próxima a seguirlo.

Por favor tenga cuidado al elegir los casetes, mi esposo no necesita más condenación y yo tampoco en este momento. Aunque yo estoy más preparada que él.

Mi hijo es homosexual y nos queda una hija en casa que todavía no lo sabe.

Necesitamos ayuda ya mismo. Usted es nuestra única esperanza.

La "tensión mala" es mi especialidad

Estas cartas vienen de mujeres que están sintiendo lo que los expertos médicos llamarían "angustia" o tensión mala. Hay otro tipo de tensión que es buena, la tensión que todos necesitamos para tener la presión y la adrenalina suficientes para ayudarnos a hacer las cosas y disfrutar de la vida. Pero mi buzón está lleno de "tensión mala", la tensión que puede destrozar si se le permite que tome el control. En las palabras de una definición: "La tensión es esa confusión que se crea cuando la mente de uno pasa por encima del deseo del cuerpo de ahorcar a algún tarado que se lo merece."

Hace poco tuve un día de mala tensión cuando saqué una aspiradora linda, nueva, brillante y poderosa que acababa de comprar. Habiendo usado mi viejo modelo durante más de treinta años, pensé que conocía todo lo que había por saber sobre las aspiradoras y no me molesté en leer las instrucciones para el uso de la nueva. Sencillamente le puse la boquilla de potencia, anticipando el sonido de la fuerza que mi nueva aspiradora pondría a mi disposición.

Por supuesto que tendría que haber sospechado algo cuando vi un control que indicaba si el polvo a ser aspirado era "FINO, MEDIANO o GRUESO". Di por sentado que el polvo fino sería algo así como la arena, y ya que la época de niños mugrientos había quedado muy en el pasado, sabía que podía saltar ese punto.

¿Y el polvo "mediano"? Eso podría ser pasas de uva, migas de galletas o cualquier cosa que pudieran traer los zapatos comunes. ¿Y el polvo "grueso"? Se podría referir a huesos de duraznos, tierra en terrones o ladrillitos para armar que los nietos suelen dejar. Hice una inspección rápida de la casa y no vi ninguna colección de bolitas o de juegos para armar tirados en el piso, así que pensé que no habría problema en poner el control en "polvo mediano". De algún modo me sentí satisfecha y orgullosa de poder poner MI aspiradora en polvo mediano en vez de grueso.

El indicador estaba puesto, la máquina estaba enchufada, la bolsa estaba firmemente cerrada. Apreté el botón, ¡y ahí comenzó el desastre!

En pocos minutos, los largos pedicelos de una planta colgante que había estado cuidando por varios meses desaparecieron en la máquina, junto con los terrones y las hojas que tenían pegados. Un lado completo del follaje de mi planta había dejado de existir ¡devorado por un monstruo hambriento!

Antes de poder recuperarme, el nuevo cable extralargo de teléfono hizo un zumbido al desaparecer y enredarse en mi voraz aspiradora. Logré desenredar el cable, pero noté que le faltaban pedazos del revestimiento de goma y que los agujeros formaban un diseño como el de grandes dientes.

Y claro que Bill debería haber sabido que no hay que dejar el zapato a plena vista de la aspiradora. En pocos segundos, la lengüeta había desaparecido, junto con el cordón. Bueno, pensé, de todos modos los zapatos estaban viejos y ya se tendrían que haber tirado. Pero después del episodio del zapato, mis ojos se llenaron de horror cuando el nuevo cable adaptador Sony del auricular del estéreo de Bill se enroscó ruidosamente en los cepillos de la aspiradora.

Hasta el momento, la aspiradora había comido la planta, mutilado el cable del teléfono, arruinado los zapatos de Bill y ahora acababa de destruir su adaptador Sony casi por completo. Si sólo hubiéramos tenido un perro podría haber culpado al cachorro travieso por la desaparición del cable adaptador. Me pregunté cuánto tiempo pasaría antes de que se diera cuenta de que faltaba el cable adaptador (completamente comido por la aspiradora, excepto la cabeza de plástico, que sólo por su tamaño logró salvarse de desaparecer a su vez por la boquilla).

Siendo el tipo de melancólico perfeccionista que es, Bill pronto se dio cuenta de que faltaba su cable adaptador Sony y empezó a revisar todos los enchufes, pensando que lo podría haber dejado puesto. Por fin, mi conciencia me obligó a romper el silencio. Con vergüenza, tuve que admitir que mi aspiradora a POTENCIA le había comido su querido cable Sony y que ya había encargado otro (que tardaría varias semanas en llegar).

TODOS nos parecemos a mi aspiradora

Aprendí mucho ese día. Es curiosa la forma en que las palabras en un pequeño control de plástico pueden inspirar los pensamientos. Pero en realidad todos nos parecemos a la aspiradora. Todos absorbemos cierta cantidad de polvo en el camino. Me pregunto si la gente que sólo absorbe "polvo fino" recibirá un reconocimiento espe-

cial. ¿Y el "polvo mediano" y el "polvo grueso"? Cada uno de nosotros corresponde a alguna categoría del control porque es imposible
pasar por la vida sin ensuciarse. Hay suciedad por todas partes, hasta
por televisión, en los chismes y en la charla ociosa. ¿Y nuestra cultura
de consumo que hace que el materialismo y la avaricia parezcan lo
única forma de vivir? Mi aspiradora nueva hizo que examinara mi
propia vida para ver zonas donde hacía falta limpiar diferentes grados
de tierra.

Descubrí que parte de la tierra era tensión. Y me di cuenta de
que estar demasiado ocupada y apresurada haciendo más de lo que
Dios quiere que haga es tierra que se nos debería estar acumulando.

El día después del alboroto de la aspiradora monstruosa, escuché
al jardinero afuera usando sus herramientas para sacar los escombros
de nuestro jardín. Pero en vez de *juntar* la tierra, la estaba *soplando*.
Al pasar por los senderos, el soplador hacía desaparecer todo lo que
estaba en el camino, y me acordé de un libro que acababa de leer,
Blow Away the Black Clouds (Aleja las nubes negras), de Florence
Littauer. Es un libro fantástico acerca de enfrentar la depresión. Y
una de las cosas que hace que el libro sea tan bueno es que NO
deprime.

Pensé en mi potente aspiradora y en cómo podemos pasar la
vida aspirando la tierra, absorbiéndola, juntándola y poniéndola en
una bolsita para poder tirarla más adelante. Pero con este método
uno siempre está juntando cada vez más. El jardinero tenía un
método mejor. Sencillamente soplaba toda la tierra y dejaba un
sendero limpio por donde pasaba. Todas las grietas y los caminos
estaban limpios y tampoco tenía que preocuparse por lo que fuera
fino, mediano o grueso.

¿Estás absorbiendo demasiada tensión?

Pienso que aquí tenemos una verdadera aplicación a nuestra
manera de vivir. Podemos absorber y asimilar un montón de
porquerías y juntar un montón de infelicidad. Podemos aferrarnos a
los dolores que inevitablemente han de venir, casi abrigándolos.
También hacemos lo mismo con la depresión y otras cosas feas. Podemos aferrarnos a ellas hasta que la bolsa se llena y después tenemos
que descargarla, generalmente encima de otro.

O tenemos la opción de soplar todo ese pensamiento negativo,
las críticas y los resentimientos, el autodesprecio que conduce al comportamiento compulsivo destinado a agradar a otros. Podemos
pedirle a Dios que lo quite completamente, reemplazando la oscuridad con su luz, limpiándonos de la falta de perdón, de la amargura,

de la avaricia y de la ambición social. El puede hacernos sentir la frescura de un manantial en el corazón si conocemos y practicamos la presencia del Espíritu Santo.

¿Dónde estás tú hoy? ¿Estás yendo por la vida aspirando resentimientos y quejas que se convierten en presión y tensión al recordar todo el mal que te han hecho? ¿Estás cargando otras bolsas llenas de tierra de viejas zonas de pecado? Muchas veces tenemos el concepto equivocado de que la tensión es algo que las personas y las fuerzas externas causan en nuestra vida. La tensión puede ser causada por factores externos, pero con mucha frecuencia *nosotros causamos nuestra propia tensión*. Podemos dejar que Dios sople toda nuestra tensión, que la quite del camino, de nuestra vida. Luego podemos presentarnos limpios ante él, seguros de que puede ayudarnos a mantener la cordura. Y no sólo eso, sino que él puede ayudarnos a renovar nuestro entendimiento todos los días.

No puedes controlarlo todo

Algo que me ayudó a enfrentar mi tensión en vez de seguir juntándola con muchas otras lapas mentales fue el darme cuenta de que *si no hay control, no hay responsabilidad*.

El doctor Harold Greenwald es el coautor de un libro llamado *The Happy Person* (La persona feliz). El cree que hay por lo menos seis realidades en la vida que no podemos cambiar y que debemos aceptar. El envejecimiento es una de ellas. Es inevitable envejecer, pero según el doctor Greenwald, si se considera la alternativa, es un proceso que se puede aprender a disfrutar. (Más sobre eso en el capítulo 9.)

Además, siempre habrá injusticias en la vida. Y habrá gente que no lo quiere a uno por más bueno, amable y encantador que uno sea.

Recuerde que la vida es una lucha constante. Algunos piensan que si sólo pueden pasar más allá del obstáculo o del túnel particular con el cual están luchando ahora, todo va a ir viento en popa de ahí en adelante. Eso no va a suceder. Es mejor ver la vida como una serie de problemas que son oportunidades para crecer y aprender, y entonces uno no se tensa tanto cuando llegan las luchas.

Sobre todo, recuerde que no se puede cambiar a la gente. Eso fue difícil para mí porque siempre quise cambiar a Larry. Pero tuve que dejar que él cambiara por su propia cuenta, con Dios como motivador y fuente de poder. Una vez que dejé de tratar de cambiarlo, desapareció la mayor parte de la tensión en nuestra relación.

Enfrenta la tensión con risa

Con todo el dolor y los problemas, la vida no es ningún chiste, pero como expliqué en el capítulo 5, es más fácil enfrentarla con risa. Estoy completamente de acuerdo con el profesor de psicología que cree que la risa es la mejor forma de aliviar la tensión y cambiar el estado mental. En una comunicación de la Prensa Asociada (no conozco la fecha), el doctor Robert Leone de la Universidad Internacional de los Estados Unidos dice: "Cuando uno se ríe, la atención está centrada. No puede hacer otra cosa. Todo lo demás, ya sea la depresión o la tensión, se detiene." El doctor Leone también dice que una buena carcajada puede limpiar el estado emocional y hacerte sentir mejor acerca del futuro. Menciona muchas maneras de agregar un poco de risa a la vida:

1. Prueba a escuchar una grabación cómica de uno de tus humoristas favoritos, o ve a ver una película graciosa. Es un alivio pasajero, pero el solo hecho de soltar la risa hará que te sientas mejor.

2. Intenta ampliar tus actividades. Por ejemplo, a lo mejor nunca cantas en el auto porque no quieres que la gente que pasa a tu lado en la carretera piense que estás loco. Inténtalo alguna vez y puedes reírte de las expresiones que ves.

3. Deja de inventar excusas por no ser feliz. "En algún momento", dice el doctor Leone, "hay que tomar la responsabilidad por la propia felicidad. La gente... se conforma con el 60 o el 70 por ciento de felicidad, pero podría ser mucho más feliz."

El canto también puede obrar maravillas

Mencioné que cantar en el auto puede provocar miradas extrañas y algunas carcajadas, pero hay mejores motivos para cantar. Yo canto a menudo cuando hago ejercicio en mi bicicleta estacionaria, cuando me ducho o cuando hago las tareas de la casa. Los expertos dicen que se puede vivir más tiempo si se tiene una canción en el corazón. En un caso, los médicos dieron ocho minutos de ejercicios respiratorios rigurosos a veinte cantantes de ópera profesionales que tenían desde veintiocho hasta sesenta y cinco años de edad. Cada uno de los cantantes completó los ejercicios sin ningún problema, pero un grupo de cuarenta personas que no cantaban y que tenían *menos de cuarenta años* luchó para terminar los ejercicios y su pulso subió precipitadamente.

A veces los psiquiatras animan a sus pacientes a cantar para deshacerse de la tensión y la ansiedad. Cuando se canta, se libera energía y eso puede apartar la mente de los problemas, traer recuerdos agradables y aflojar la tensión física. Intenta cantar en la ducha como preparación para enfrentar el día o canta en el auto, especialmente cuando hay un embotellamiento. Elige canciones inspiradoras y motivadoras. Para mí, los himnos y las canciones evangélicas son los que mejor funcionan. Algunos de mis himnos favoritos son "Maravillosa gracia" y "Por la excelsa majestad de los cielos, tierra y mar". También me gusta el que dice: "Cristo es mi canción que al mundo canto hoy con fiel amor; al que llorando está porque muy triste va, Jesús le sanará de su dolor."

Cómo sobrevivir el baile de la vida

Una de las causas principales de la tensión en la vida diaria es la PRESION. Hace poco conocí a Tim Hansel, autor de un gran libro sobre el dolor llamado *Ya Gotta Keep Dancin'* (Hay que seguir bailando). Los dos estábamos invitados para hablar en la misma conferencia. El me hizo pensar en una de mis calcomanías favoritas:

EN CUANTO PIENSO QUE TENGO DOMINADO
EL "BAILE DE LA VIDA"
ALGUIEN INVENTA UN PASO NUEVO.

Todos estamos en el "baile de la vida". El asunto no es abandonarlo sino medirnos para poder DURAR. He aprendido a estar agradecida por mi diabetes porque me ha forzado a evitar la tensión y a comer apropiadamente. Lo veo como algo positivo: una noticia buena, no mala.

El consejo de Dios para derrotar a la depresión

Es importante encarar la tensión porque fácilmente puede convertirse en depresión. De hecho, una vez leí un artículo que decía que muchas veces la depresión viene de *no haber aprendido cómo encarar las tensiones* de la vida. Las mujeres necesitan estar especialmente alertas porque su personalidad es más vulnerable a la depresión que la de los hombres.

Juzgando por mi propia experiencia, estoy de acuerdo. Casi todas las semanas hablo con madres deprimidas que se sienten como el blanco en la tabla de dardos de la vida. Muchas de ellas no quieren hacer más que encontrar un rinconcito para esconderse (que fue lo que yo hice la primera vez que Larry adoptó la vida homosexual). Pero yo las aliento a que se mantengan ocupadas y a seguir adelante.

También les digo que tengan paciencia. Lleva tiempo sobreponerse a la depresión, pero sí tiene fin. No viene a quedarse para siempre; como mucho del resto del dolor y de los problemas de la vida, es PASAJERO.

Encontré una paráfrasis hermosa de 1 Corintios 13. Puede ser de gran ayuda, especialmente si uno se siente mal y deprimido. Lee esta paráfrasis en voz alta todas las mañanas y todas las tardes, y empezarás a darte cuenta que el amor de Dios está entrando en tu vida para soplar las nubes negras de tu camino:

PORQUE DIOS ME AMA
(Basado en 1 Corintios 13:4-8)

Porque Dios me ama, es lento para perder la paciencia conmigo.

Porque Dios me ama, toma las circunstancias de mi vida y las usa de una forma constructiva para mi crecimiento.

Porque Dios me ama, está de parte mía. Quiere verme madurar y desarrollar en su amor.

Porque Dios me ama, no derrama su ira por todos los errorcitos que cometo, que son muchos.

Porque Dios me ama, no lleva cuenta de mis pecados para darme en la cabeza con ellos cada vez que tiene la oportunidad de hacerlo.

Porque Dios me ama, le duele profundamente cuando no camino por las sendas que le agradan porque lo ve como una evidencia de que no confío en él ni le amo como debería hacerlo.

Porque Dios me ama, sigue confiando en mí cuando a veces ni siquiera yo mismo confío en mí.

Porque Dios me ama, nunca dice que soy un caso perdido: más bien trabaja pacientemente conmigo, me ama, y me corrige de tal manera que me cuesta entender la profundidad del cuidado que tiene por mí.

Porque Dios me ama, nunca me abandona aunque muchos de mis amigos lo hagan.

Porque Dios me ama, se queda a mi lado cuando llego al fondo de la desesperación, cuando veo lo que realmente soy y comparo eso con su justicia, su santidad, su hermosura y su amor. En un momento así realmente puedo creer que él me ama.

Sí, ¡el mayor de todos los dones es el perfecto amor de Dios!

Fuente desconocida

La tensión depende del punto de vista

Aprendí por experiencia propia que lo que es "tensión" para una persona puede ser una leve irritación para otra. Todavía recuerdo cuando estaba en mi túnel negro de desesperación y una mujer me llamó para contarme su problema. Al parecer tenía "acumulación de grasa" en sus rodillas. Mi propio corazón estaba tan destrozado que fue un esfuerzo sobrehumano escuchar sus quejas con paciencia. Pero para ella la acumulación de grasa eran un problema agotador y tenía que hablar con alguien acerca de él.

Otra mujer me escribió acerca de una situación similar que había vivido, diciendo que se había sentido tan frustrada que se había descargado un poco, por lo cual estaba arrepentida. Ella escribió:

> Una vez una mujer en mi clase pidió oración porque su marido dejaba los calcetines tirados. Le dije (y me da vergüenza admitirlo): "¿Le gustaría cambiar de lugar? Tengo el corazón enfermo, un hijo retardado y un esposo alcohólico al que le da por la violencia de tanto en tanto. Tengo un nieto ilegítimo. Un hombre al que mi esposo había despedido tiró un cóctel Molotov en una bodega que acabábamos de llenar con materiales de construcción a crédito, causando el segundo incendio más grande que ha tenido nuestra ciudad. No teníamos seguro. Después de tres años de luchar para pagar los materiales quemados, la recesión nos obligó a la bancarrota.
>
> "Y la gente me dice que necesito adelgazar cuando todo lo que tenemos para comer son frijoles y papas."
>
> Enseguida me dio vergüenza porque la mujer apenas podía enfrentar el problema de las medias, y el jueguito de "¿Quién tiene más?" no le da ninguna gloria al Señor. He aprendido mucho a través de los años, generalmente demasiado tarde.

¡Cuán cierto! Aprendemos mucho a través de los años y muchas veces parece ser demasiado tarde, pero nunca es demasiado tarde para encarar la tensión y los problemas con una actitud positiva. Siempre se puede hacer algo para alisar la vida, no importa lo llena de arrugas y nudos que esté.

Tensión en una misión de rescate

Sigo diciendo que lo más positivo que se puede hacer por la tensión es reírse. Hace poco me invitaron a hablar en una misión de rescate de Los Angeles en una calle famosa por sus borrachos. El solo hecho de no ser mi público habitual era motivo de tensión. Bill me había acompañado y como estaba muy resfriado, estaba sentado detrás de mí tomando sorbos de una botellita de jarabe para la tos. ¡Pero por supuesto que parecía que estaba tomando otra cosa!

Estaba tratando de adentrarme en el tema, cuando vi a un hombre en la primera fila con el sombrero tapándole la mayor parte de las orejas. Justo en ese momento se acercó uno de los trabajadores de la misión por el pasillo con un palo largo. Medía unos tres metros y tenía una especie de mecanismo para sujetar cosas en la punta. Pasó el palo por en frente de toda la primera fila y agarró el sombrero del hombre, se lo quitó de la cabeza, se dio vuelta y se fue. La misión de rescate de la Unión tiene reglas estrictas: nada de escuchar al orador con el sombrero puesto, pero no había ninguna regla para no confundir al orador con palos de tres metros que se meten por las filas y quitan sombreros. Nadie se dio por enterado. Todo el mundo siguió escuchando mi historia, que había llegado a un momento muy serio. Y todo el tiempo Bill estaba sentado detrás de mí, tomando sorbitos del jarabe para la tos.

En un momento así hay que decidir: "¿Cómo voy a reaccionar a esto?" Bueno, yo contesté mi propia pregunta. "Esto es demasiado ridículo para llorar; mejor me río." Y eso fue lo que hice. La tensión se disolvió y pude terminar bien la charla.

Estoy en camino, todavía no llegué

Pero aun con todas las formas que tengo de encarar la tensión, todavía hay pequeños incidentes que me recuerdan que todavía no llegué del todo. Han pasado varios años desde aquella noche junto al mástil en Disneylandia y aunque he progresado mucho, todavía no he llegado. Todavía lucho con sentimientos ultrajados y recuerdos que traen lágrimas. Las cosas más raras me pueden hacer empezar a llorar. Por ejemplo, una vez estaba en una agencia de viajes local mirando folletines de vacaciones. De repente me llamaron la atención las siguientes palabras de la tapa de un librito sobre cruceros: ¿NAVEGAR ES REALMENTE PARA MI?

Antes de conocer algo sobre la homosexualidad, esas palabras no me hubieran amenazado, pero ahora que había sido "educada" en los términos homosexuales, sabía que "navegar" no siempre se refería a disfrutar de un viaje en barco.[2] De repente, volvieron todos los viejos sentimientos de choque. Mi pecho empezó a sentirse pesado, se me secó la garganta y sentía que tenía el estómago lleno

---

[2] En la jerga homosexual en los Estados Unidos, "navegar" significa pasear en busca de una pareja homosexual.

de huesos de durazno. De pronto estaba nuevamente en el torbellino del primer día que me enteré de la homosexualidad de Larry. Por loco que suene, nuevamente todo el mundo me parecía homosexual.

Comparto este incidente para ayudarte a comprender que tendrás experiencias de yoyo. Puedes creer que estás progresando y entonces ¡PAF!, ves un librito en una agencia de viajes (o cualquier otra cosa), y vuelves a empezar de cero. Las cosas más sencillas pueden accionar esos sentimientos. Sientes que has logrado alguna medida de control sobre el llanto y los ataques, y luego te desplomas por cualquier cosa y sientes que se abre el abismo.

Pero cuando la tensión te ataca así, recuerda que estás en un largo y arduo proceso. Todos damos varios pasos hacia adelante y uno para atrás de vez en cuando. Pero sí hay sanidad y sí hay *logros*. Esto también pasará, pero muy lentamente.

El fondo de uno de mis dibujos favoritos también es una agencia de viajes. Una mujer está parada frente a un mostrador, hablando con un agente de viajes que obviamente le acaba de preguntar adónde le gustaría ir. La respuesta: "A algún lugar donde las penas se derriten como caramelos allá arriba por los cielos."

Eso me encanta. Es a donde todos quisiéramos ir pero desafortunadamente tenemos que afrontar la vida tal cual es. Estoy con todos ustedes que todavía están quebrantados. Entiendo el síndrome del yoyo y lo que la tensión puede hacer para esclavizarnos. A lo largo de años de lucha, he aprendido mucho, pero emocionalmente todavía estoy frágil y necesito el pegamento de Dios para fijar la mente en él.

Cuando la tensión domina, la mejor reacción es ir al Señor. "… fortaleced las manos debilitadas y las rodillas paralizadas" (Heb. 12:12). Y ríe lo más que puedas. Eso mantendrá la tensión bajo control y también acelerará la sanidad de tu mente fracturada.

Pensamientos adicionales

DE TODO LO QUE HE PERDIDO,
¡LA CORDURA ES LO QUE MAS ECHO DE MENOS!

* * * * * *

Si sólo pudiera conseguir esa sensación maravillosa
de haber logrado algo
sin tener que hacer nada.

Ashleigh Brilliant
Pot-Shots (Tiros al azar) No. 431

* * * * * *

HOY ES EL MAÑANA
POR EL CUAL TE PREOCUPASTE AYER,
Y TODO ESTA BIEN.

* * * * * *

LLEGO LA HORA

Señor,
Veo con asombrosa claridad
que la vida nunca es lo suficientemente larga
como para dejarte
hasta mañana.
Las cosas que han de venir
demasiado pronto quedan atrás.
Nunca puedo juntar
los años que he dejado.
Si pienso
caminar contigo mañana
tengo que empezar hoy.

Ruth Harms Calkin[3]

* * * * * *

YO NO SE LAS RESPUESTAS,
PERO CONOZCO A ALGUIEN QUE SI LAS SABE.

* * * * * *

---

[3] De *Lord, You Love to Say Yes* (Señor, te encanta decir que sí) por Ruth Harms Calkin, copyright 1976 Tyndale House Publishers, Inc.   Usado con permiso.   Todos los derechos reservados.

UN NUEVO COMIENZO

Oh, Señor,
¿Qué he de hacer?
He llegado al extremo final
de mí mismo.
¡Estupendo, hijo querido!
Ahora empieza tu nuevo comienzo
conmigo.

Ruth Harms Calkin[4]

[4] De *Lord, It Keeps Happening and Happening* (Señor, sigue ocurriendo) por Ruth Harms Calkin, copyright 1984 Tyndale House Publishers, Inc. Usado con permiso. Todos los derechos reservados.

Capítulo 8

Me casé con el señor Bonfi

Hoy te amo más que ayer.
¡Ayer no te aguantaba!

Shoebox Greetings

Mi esposo y yo somos personas muy diferentes, un hecho que sin duda ya habrás observado. Dicen que los opuestos se atraen, y en nuestro caso parece que sucedió desde la primera vez que salimos. Comenzamos la tarde con parejas diferentes (yo había arreglado que él acompañara a una amiga) y para cuando llegamos a casa, Bill estaba conmigo y mi amiga estaba con el muchacho que había salido conmigo.

Cuando Bill y yo nos casamos, yo no sabía nada acerca de los temperamentos. No comprendía que hablar mucho, ser emotiva, demostrativa, entusiasta, alegre y rebosar de risa significaba que yo era básicamente SANGUINEA. Y estoy segura de que Bill, que es profundo y pensador, analítico, serio, sensible hacia los demás y responsable, no tenía idea de que él era MELANCOLICO puro.[1]

Lo único que yo sabía era que Bill parecía ser constante, calmo, fiel y dedicado. Había algo en mí que respondía a eso. Intuiti-

---

[1] La mejor descripción de los temperamentos que conozco es la de Florence Littauer, que publicó unos casetes sobre el temperamento, además de un libro, *Personality Plus* (Más que personalidad) (Old Tappan: Fleming H. Revell, 1983).

vamente, yo sabía que necesitaba a alguien como Bill para equilibrar mi propia tendencia a ser demasiado emocional, a hacer todo al trochemoche y a ser desorganizada. Y pienso que Bill sentía que me necesitaba a mí para equilibrar su tendencia a tomarse la vida demasiado en serio. Así que nos casamos y nos enteramos de que, aunque los opuestos se atraen, también tienen que *adaptarse* el uno al otro. El único propósito de este capítulo (aparte de contar algunas anécdotas graciosas sobre Bill) es este: *Hay que aprender a aceptar a las personas tal como son (especialmente a los maridos).*

No voy a pretender que Bill sea tan feliz y tenga tanto entusiasmo por las cosas como yo, y él por fin ha decidido que yo nunca seré tan prolija, metódica y organizada como él.

Así que hemos pasado varias décadas adaptándonos el uno al otro y construyendo un matrimonio fuerte basado en la aceptación. Bill realmente es un tipo maravilloso, es fantástico, pero he tenido que aprender que con el temperamento melancólico de él y el sanguíneo mío somos como el mercurio: yo subo y él baja. Voy a dar un ejemplo. Hace poco nos tocó un hermoso día sin contaminación, algo poco frecuente en el sur de California. El cielo estaba de un azul profundo y las nubes de un blanco algodón. Miré hacia arriba y dije:

—Mira, parece que Dios hubiera aspirado el cielo.

Bill miró hacia arriba y dijo:

—Sí, pero probablemente va a vaciar la bolsa del polvo mañana.

Bill no sólo ve que el vaso está medio vacío; también ve todas las manchas de los dedos y de las gotas. El orden y la precisión le son de primera importancia. Quiere que la chequera esté balanceada y quiere que los contornos de las rebanadas de pan del emparedado correspondan exactamente. A veces me gusta embromarlo cortando la costra del pan para que no pueda saber si los contornos corresponden o no. Esas cosas son importantes para él.

El otro día se compró un llavero nuevo y se pasó casi una hora poniendo todas las llaves para que apuntaran en el mismo sentido. Dice que no puede usar el mío porque tengo las llaves metidas para cualquier lado.

Calcetines sujetados, calcetines seguros

Lo que realmente le divierte a Bill es sujetar los calcetines por pares antes de lavarlos para que no se separen. Empezó haciendo eso cuando nuestros hijos estaban creciendo, para que los calcetines de él no se confundieran con los de ellos. Siendo yo del tipo que jamás sujeta nada, traté de razonarlo recordando que Bill había estado en la Marina; y además, es hijo único y esos siempre son un poco raros.

Una vez mencioné lo de las medias sujetadas de Bill en una conferencia y después se me acercó una mujer que me contó que su esposo no sólo sujetaba los calcetines, sino que los marcaba "1" y "2" para no poner el dedo gordo en el calcetín equivocado.

Me reí hasta secarme

Una de las cosas de las cuales siempre tengo que estar consciente es que lo que me parece gracioso a mí muchas veces no le causa ninguna gracia a Bill. Hace tiempo estaba en Atlanta por unas charlas y después volví al aeropuerto apurada para llegar al avión que me llevaría de regreso a casa. Ya había despachado el equipaje y estaba sentada en la sala de espera para abordar en pocos minutos cuando oí un anuncio: "Todos los vuelos de los DC-10 han sido cancelados por un mínimo de tres días." Fui a la ventanilla y me dijeron que mi vuelo era en un DC-10, así que no iba a ir a ningún lado por un tiempo.

Llamé a Bill y le dije que no podía volver y que nos iban a mandar a todos a un hotel donde nos quedaríamos por dos o tres días. Bill sugirió que lo tomara con calma y disfrutara la oportunidad para descansar, pero le recordé que sería difícil tomarlo con calma sin mi equipaje.

Nos llevaron a un hotel cercano al aeropuerto y me encerré en la habitación. Como iba a estar ahí dos o tres días, hice lo que haría cualquier mujer prudente: lavé mis medias, lavé la enagua, me lavé la cara y me preparé para ir a la cama. No tenía nada. Mi equipaje ya había salido para California (yo confiaba) y no había *nada* que hacer.

Acababa de lavar mis medias y mi enagua, y de colgarlas para que se secaran, cuando recibí una llamada telefónica. Era la empresa aérea diciéndome: "Si puede llegar en veinte minutos, hay un vuelo que está por salir. Pero si no toma ese vuelo, no hay nada que salga de aquí por tres días. Va a ser el único vuelo para California."

"Espérenme; ¡voy a llegar para ese vuelo!", grité. Entonces vi las medias y la enagua mojadas. Rápidamente las metí en una toalla y traté de sacarles toda el agua que pude, pero no hubo mucha diferencia. Si alguna vez has intentado pasarte medias mojadas sobre un cuerpo gordo y seco, sabrás que no es nada fácil. Y después estaba la enagua. Eso tampoco fue fácil.

De algún modo logré ponerme las medias y la enagua, pero eso quería decir que mis pies estaban mojados y tenía que tratar de ponerme los zapatos negros de gamuza de tacón alto. Bajé corriendo, dejando charcos por todas partes y tomé un taxi. Me llevó al aeropuerto en un tiempo récord y corrí por todo el pasillo, goteando a cada paso. Llegué al lugar de embarque justo cuando estaban por cerrarlo y salir. Y, por supuesto, cuando me senté, dejé otra mancha mojada porque todavía estaba empapada.

Cuando llegué a casa y le conté la historia a Bill, se puso verde. Le daba vergüenza pensar que podía haber dejado el asiento del avión mojado. Le dije: "El asiento no era nada; ¡tendrías que haber visto toda el agua que chorreé por el pasillo antes de abordar!"

Me había reído todo el camino de regreso en ese vuelo. Me pareció que había sido muy gracioso, pero a Bill sólo le daba vergüenza.

Un tarro para él y otro para ella

Una de las cosas que vuelve loco a Bill es un tarro de manteca de maní revuelto. No le gusta que yo meta el cuchillo en la manteca y haga lío. El piensa que la pasta de maní debe ser lisa y cuando llega al fondo del tarro le gusta sacar hasta la última pizca, hasta que parezca que lo han frotado. ESO lo hace muy feliz.

A veces va a la cocina para hacerse un emparedado y pega el grito: "¿Quién tocó la manteca de maní?"

Como en la casa no vive nadie aparte de nosotros dos, él ya sabe la respuesta. ¿Quién tocaría la pasta de maní sino yo? Entonces me hace sentir culpable por haber metido el cuchillo demasiado abajo en el tarro y dejarlo revuelto.

Por fin solucioné el problema comprando un tarro grande para él y un tarro grande para mí. ¡Ahora meto el cuchillo como se me da la gana!

Muchas mujeres se me acercan después de que hablo y me dicen: "Creo que mi esposo debe ser hermano del suyo, o por lo menos un primo lejano. Es igual." A lo mejor tu marido también es así. Tú ves rosas; él ve espinas. Tú ves a Dios aspirando el cielo; él lo ve descargando la bolsa del polvo. Tú estás planeando la próxima fiesta; él se está preocupando por la basura que va a quedar después. De hecho, él se preocupa por toda la basura del mundo, además de por la escasez de agua, por la deuda nacional y por cualquier cantidad de otros asuntos importantes. El quid de la cuestión es que *le gusta* preocuparse por todo eso.

Cómo Bill llegó a ser "el señor Bonfi"

De algún modo, nuestro matrimonio siempre ha funcionado porque sencillamente me digo a mí misma: "Bill es así y va a seguir siendo así." Y estoy segura que él dice lo mismo de mí.

Hace años me empezó a decir "Confi". Decidí inventarle un apodo a él y por fin decidí ponerle "Bonfi". A veces la gente me pregunta lo que significa Bonfi, y les digo que no estoy segura. ¿Realmente hace falta que los apodos del marido SIGNIFIQUEN algo? Lo único que puedo decir es: "Es un Bonfi, ¡y así me gusta!"

Hace un par de años saqué la placa de la matrícula de mi auto con E-S-P-A-T-U-L-A, lo que ha ocasionado cualquier cantidad de comentarios. Una vez me estacioné en un lugar prohibido (probablemente cuando iba apurada al correo de La Habra) y alguien me gritó: "¡Señora ESPATULA! ¡No puede estacionar ahí!"

Me estaba divirtiendo tanto con mi placa de matrícula E-S-P-A-T-U-L-A que decidí que Bill también necesitaba su propia patente personalizada. Y tenía el nombre perfecto para esa patente: B-O-N-F-I. Los dos manejamos autos de la misma marca. El mío es un modelo reciente pero el de Bill es un modelo de 1974 que compró cuando un vecino mayor falleció y su viuda ya no necesitaba el auto. Estaba en perfectas condiciones y usaba gasolina común, lo cual le encantó a Bill porque no tendría que andar dando vueltas por la certificación anticontaminación.

Cuando se quiere pedir una matrícula personalizada, hay que asegurarse de que nadie haya usado ese nombre. Así que fui al Departamento de Vehículos Motrices y saqué el libro gigantesco que da el listado de todas las matrículas personalizadas en California. Mientras estaba en la oficina del DVM, hojeando las pesadas páginas plastificadas, que no se podían romper y estaban permanentemente marcadas, vi nombres como S-T-R-E-I-S-A-N-D, S-I-N-A-T-R-A y S-E-L-L-E-C-K. Después vi el nombre E-S-P-A-T-U-L-A (mi auto). Y entonces me di cuenta. Así como E-S-P-A-T-U-L-A está en el enorme libro permanente del DVM, mi nombre, Bárbara Johnson, está en el libro de la vida del Cordero y nunca puede ser borrado.

Fue como si Dios me hubiera envuelto en su cálido manto de consuelo para asegurarme de que yo era su hija... de que mi nombre estaba en su libro para siempre. No se lo puede arrancar... no se lo puede manchar. Una vez que se nace en la familia de Dios, se es de él permanentemente. No hay abortos en el reino de Dios. Cuando nacemos en su río de vida, podemos meternos en un remolino o en un charco. Pero seguimos estando en el río y Dios siempre considera que somos propiedad de él.

Si has estado en el DVM, sabes que es un lugar de poco brillo, pero ese día Dios me dio una chispa especial y estaba tan entu-

siasmada por la idea de tener mi nombre en su libro eterno que casi
llegué a la gloria en ese mismo instante.

Como habrás adivinado, nadie había puesto BONFI en una placa
personalizada, así que hice el pedido. Después volví corriendo a casa
y le conté toda la historia a Bill, animadísima. Compartí con él la
bendición que recibí al ver ESPATULA en el libro del DVM y darme
cuenta de que mi nombre —y el suyo— estaban escritos en el libro de
la vida del Cordero. Pero Bill se quedó mirándome extrañado y no se
entusiasmó en absoluto.

Cuando llegaron las placas de matrícula, Bill se las puso a su
auto, pero sin mucho comentario. Pensé que mi regalo había sido un
fracaso pero un día no mucho después me llamó y me dijo:

—Voy a llegar tarde porque tengo que comprarle zapatos a
Bonfi.

—¿Cómo? —pregunté—. No necesitas zapatos nuevos.

—No, quiero decir al auto; voy a comprarle neumáticos nuevos
al auto. ¡Bonfi necesita zapatos nuevos!

Bueno, para Bill eso era ir bastante lejos en agregarle humor a la
vida. Por supuesto que me reí y le dije lo gracioso que era. Parece
ser que después de ponerle las placas de matrícula nuevas al auto, Bill
había ido a la estación de servicio donde compra la gasolina,
neumáticos y demás cosas para el auto. Cuando los empleados
vieron la placa empezaron a decirle "Sr. Bonfi". De ahí adelante fue
natural empezar a decirle "Bonfi" al auto y a hablar de comprarle
cosas como zapatos.

De vez en cuando también le pone al auto una cubierta, y cuando
lo hace, habla de "ponerle la gabardina a Bonfi", como si fuera una
persona.

A los hombres les cuesta encarar los sentimientos

Durante esos once meses que yo estuve contando las rosas en el empapelado de mi habitación, llorando constantemente y sintiendo tan poca autoestima que empecé a pensar en el suicidio, me convertí en una carga que Bill no sabía cómo manejar. Francamente, él no me era de mucha ayuda y, por supuesto, yo no era de ninguna ayuda para él. Mucho tiempo después de que descubrimos las tendencias de Larry, Bill seguía diciendo: "Es una etapa; nada más que una etapa." Más adelante se dio cuenta de que iba más allá de una etapa y entonces dijo: "El péndulo tiene que volver." Yo no estaba segura de lo que quería decir con eso, pero ahora que nuestro alejamiento se acabó y tenemos una buena relación con Larry, dice: "El péndulo ha vuelto." Y esa fue toda la reflexión de Bill.

Cuando viajo por todo el país dando charlas, hablo con muchas mujeres que me preguntan cómo Bill me ayudó en mis épocas de depresión. Tengo que decirles que, en mi experiencia, los hombres no son de mucha ayuda porque no tienen la constitución emocional para experimentar la misma profundidad de dolor emocional que las mujeres. El hombre sufre, pero frecuentemente no tiene modo de expresarlo o de liberarlo. La mayor parte de los hombres no parece tener la habilidad de identificarse emocionalmente con el tipo de problemas por el que pasan sus esposas. Las aman y quieren ayudarlas pero parece que sencillamente no saben decir las cosas correctas. Cuando yo andaba por mi túnel, Bill no sabía qué decir, así que hizo lo mejor que pudo: se encargó de un montón de tareas que no me gustan y que detesto.

Por ejemplo, me mantuvo el auto limpio y con combustible todo el tiempo. Organizó los armarios en la cocina y forró todos los cajones de la cocina con un grueso linóleo. Organizó mis casetes para que los pudiera encontrar fácilmente y me armó estantes especiales en la oficina para organizar otros materiales. Me ayudó de muchas maneras pequeñas, no con PALABRAS, sino con HECHOS, cualquier cosa para ayudarme a sentir que mi vida tenía orden cuando mi mente estaba en caos, especialmente durante esos primeros meses.

De todas las llamadas que recibo por teléfono, diría que el 99 por ciento son de madres cristianas con problemas. Quieren hablar con alguien, cualquiera, que les pueda ayudar. En muchos casos los esposos son ingenieros o tienen otra profesión de tipo cognoscitivo donde no hay lugar para las emociones. Los ingenieros manejan los números y las cosas mecánicas muy bien porque todo eso encaja muy prolijamente. Pero cuando tienen un hijo que no forma parte del diseño, no saben qué hacer. Sencillamente no pueden con él. Así que los hombres tienden a irse y ocuparse de sus cosas. Se pierden en el trabajo porque frecuentemente no saben comunicarse con sus esposas al nivel emocional.

No digo que los hombres sean totalmente incapaces de comunicarse. Es posible que algunos maridos puedan darle ayuda espiritual a sus esposas y hasta cierta medida de consejo bueno y práctico, pero hay un nivel emocional que pocos hombres pueden entender cuando se trata de los sentimientos de la mujer. Dios sencillamente no los hizo así. Y una mujer no hace más que frustrarse cuando trata de forzar al esposo a sentir lo que ella quiere que sienta emocionalmente cuando él no está en la misma onda.

Lo que casi siempre sucede es que la mujer se siente sola y aislada. Ella y el marido tienen un "hijo problemático", pero ella le dio vida a la situación: el problema salió de su cuerpo. Y puedes creerme: realmente es un problema comprender cómo la homosexualidad encuadra en una familia cristiana.

En general, cuando el esposo se siente culpable, culpa a otra persona. En el caso del hijo homosexual, la otra persona casi siempre es la esposa. La esposa también se siente culpable pero por lo general se culpa a sí misma y los dos quedan atrapados en el "juego de la culpa".

Como regla, a los hombres les cuesta encarar el fracaso emocional de haber producido el problema. Generalmente se niegan hasta a hablar de ello. Lo que pasa entonces es que el esposo normalmente puede seguir y ocuparse de lo suyo, pero la mujer queda atrapada en un profundo hoyo de depresión. Y porque no puede abrirse y hablar, todo queda en secreto y tiende a empeorar. Muchas veces digo: "La apertura es a la sanidad lo que el secreto es a la enfermedad."

En nuestro caso, Bill sencillamente no sentía la misma culpa que yo, o por lo menos no lo admitía. Y no parecía tener el mismo deseo de conseguir que Larry volviera para poner todo en orden. No tenía ninguno de esos sentimientos y por eso podía decir que todo no era más que una "etapa" y podía vivir con eso.

Con razón muchas mujeres que conozco sienten que están viviendo en un vacío. Están solas en casa todo el día en su "nido vacío". Los hijos no están, el esposo está trabajando, jugando al billar o tal vez sujetando los calcetines en el otro cuarto. Este tipo de mujer no tiene a nadie con quien hablar. Con razón ve teleteatros y charlas televisivas. Está pasando hambre por algún tipo de alimento emocional porque su marido no le está dando ninguno.

Con frecuencia, este tipo de síndrome causa grandes problemas en el matrimonio. La esposa quiere hablar de por qué tiene todos esos sentimientos, y el esposo no quiere oír por qué tiene todos esos problemas. Prefiere ir a trabajar con su computadora o a cambiarle el aceite al auto. Creo que por eso experimentar las tragedias tales como las de la muerte o la homosexualidad de un hijo frecuentemente destruyen el matrimonio y hacen que naufrague contra las rocas del divorcio.

Así que, ¿qué puede hacer la mujer cuando está ante un horrible pozo así, un túnel sin luz alguna? Mi consejo para la mujeres en esta situación es ENCARAR LOS HECHOS. Tu esposo no va a cambiar y convertirse en otra cosa. Está moldeado en un tipo de cemento, una especie de endurecimiento de las actitudes, por así decirlo. En primer lugar, tienes que decidir dejar de tratar de cambiarlo. Acéptalo por lo que es, y deja de culparlo por no poder darte la ayuda emocional que necesitas.

En segundo lugar, necesitas encontrar *fuentes alternativas* para conseguir esa ayuda emocional. Encuentra tres o cuatro maneras de satisfacer tus necesidades emocionales. Por ejemplo, prueba casetes o libros, pueden ser muy buenos amigos. Lo mejor de todo, sin embargo, es tener amigas: alguien con quien hablar. Mi mejor consejo es encontrar una hermana o una amiga que está sufriendo el mismo dolor y que hables con ella. Purguen ese dolor juntas.

Recién después de mi experiencia con Larry de "sea lo que fuere, Señor", pude entender plenamente que hay cosas en las cuales Bill sencillamente no va a cambiar. No importa lo emotiva o lo afligida que yo esté, sus características melancólicas no van a desaparecer. Por eso digo que la esposa tiene que aprender a adaptarse. A veces es una solución sencilla, como comprar otro tarro de pasta de maní. Pero no importa lo que haga, el sentido del humor es esencial. Mantener el sentido del humor puede salvar a muchos matrimonios en peligro.

El caso del motel perdido

Una vez que una aprende a adaptarse, puede apreciar las buenas cualidades del marido. Yo realmente aprecio las de Bill. Tal vez sepa lo que "Bonfi" significa después de todo. Tal vez es mi manera de decir que Bill es bueno y me protege y que puedo confiar en él. Con frecuencia viaja conmigo, lo cual me ayuda muchísimo a no perderme porque no soy la persona más ubicada cuando se trata de direcciones. Pero mientras está Bill, no me preocupo nunca; él me hace llegar.

En un viaje reciente fuimos en auto a Felton, California, un pueblito cercano al Centro de Conferencias Monte Herman, a unos setenta kilómetros al sur de San Francisco, cerca de la costa del Pacífico. Una de las características principales de Felton es una enorme encrucijada con un camino que sale para San José, otro para San Francisco y otro para Stockton. También encontramos un río y unas vías de ferrocarril.

A Bill acababan de sacarle las muelas de juicio y tenía estrictas órdenes médicas de ponerse hielo en la boca para evitar una posible hemorragia. Eso significaba que no podíamos quedarnos en la cabaña para los conferenciantes en el Centro porque no había forma de conseguir hielo fácilmente.

Así que nos metimos en un pequeño motel cerca del río donde podía conseguir hielo picado y tal vez jugos congelados para mantener las encías frías. Nos dieron una habitación con una refrigeradora pequeña y Bill se instaló con un montón de hielo, pero no pudimos conseguir jugo congelado.

Ya era de tarde y Bill decidió llevarme por el camino al Centro de Conferencias donde yo tenía que hablar esa noche, para practicar, según él. Recorrimos dos veces el camino y me sentí bastante confiada de poder ir los diez kilómetros sola esa noche.

Cuando salí a eso de las siete de la tarde todavía no había oscurecido y al dirigirme al Centro pensé: Esto es pan comido. Lo pasé muy bien hablando con más de trescientas mujeres esa noche. Cuando salí de regreso al motel era justo después de las nueve de la noche; el sol había bajado y de repente el camino estaba oscuro y no era tan familiar como cuando había venido.

Cuando bajé la colina a Felton, llegué a la encrucijada y no supe cuál camino tomar. Vi una señal que decía "Stockton" y no me pareció que fuera el que correspondía. Miré para el otro lado y decía "San José", no, tampoco era ése. Tenía que hacer algo, así que empecé por un camino que esperaba que fuera el que correspondía. Después de algunos kilómetros llegué a una señal que decía "Valle Scotts". Pensé: *Nunca pasamos por aquí. ¡Este tampoco es el camino correcto! ¿Cómo era que se llamaba ese motel?* Me había olvidado; de hecho, no estaba segura de si había visto el nombre del lugar, era medio viejo y ruinoso.

Así que revolví en mi cartera para encontrar la llave del hotel y la examiné frenéticamente, pero sólo decía "CC 6, Felton, CA". A esa altura estaba bastante desesperada. ¿Cómo era que se llamaba el motel? ¡Sencillamente no lo sabía!

Cuando volví al gran centro de Felton ya eran casi las once de la noche y no había un alma en la calle. Más adelante había un bar con su letrero parpadeando alegremente en la calle oscura. Estaba tan desesperada que entré y balbuceé: "Dejé a mi esposo en un motel y ahora no puedo encontrarlo."

—¿Cómo se llama? —gruñó el mozo, mirándome de una manera extraña.

—Bueno, no sé. Lo único que dice la llave es CC 6.

—¿De dónde es usted, señora?, —fue la siguiente pregunta.

A esa altura estaba ahogándome y estaba segura de que el hombre pensaba que me faltaban varios tornillos. Volví a balbucear:

—No soy de acá; soy del sur de California. Y lo dejé a él ahí porque le acababan de sacar las muelas de juicio y tenía que estar cerca del hielo. Ahora no puedo encontrar el lugar donde lo dejé. Pero sé que había un río y unas vías y un almacén de alimentos naturales enfrente porque fuimos ahí para ver si podíamos conseguir hielo.

—Podría probar la Ruta 9, —dijo el mozo y me señaló la dirección correcta. Cuando llegué al auto, me alegré de que el mozo no me hubiera acompañado para darme indicaciones. LENA LA LARGA, mi muñecota, estaba en el asiento de adelante. Si el mozo hubiera visto a LENA, habría estado seguro de que me había escapado de algún manicomio.

Salí por la Ruta 9, o lo que fuera, con secoyas enormes a ambos lados del camino, sin más luz que la de los faros de mi carro para aliviar la oscuridad total. Al pasar por una curva, vi a alguien parado al lado del camino, agitando los brazos. Al principio no lo podía distinguir muy bien y pensé que sería mejor pasar rápidamente porque ¿qué clase de hombre trata de parar a una mujer a las once de la noche en un camino oscuro? ¡Pero entonces vi que era Bill! Estaba parado ahí, ¡esperándome! Cuando me acerqué y bajé la ventanilla me dijo:

—*Sabía* que tendrías problemas.

Aliviada por oír su voz, le pregunté:

—¿Cuánto hace que estás parado acá afuera?

—Un buen rato. Se suponía que terminarías de hablar a las nueve y ahora *sólo son las 11:30.*

Miré y ahí estaba el hotel, pero no tenía cartel por ningún lado. ¡No era culpa mía! ¿Cómo se suponía que podía saber el nombre del hotel si no estaba puesto por ningún lado?

Bill no estaba molesto, sólo estaba aliviado de que finalmente hubiera llegado. Después de ese pequeño episodio, me compró un aparato que es compás y orientador todo junto para que yo pueda darme cuenta si estoy yendo hacia el norte o hacia el sur, o a la izquierda o a la derecha. Qué agradecida estoy de que tengo a alguien que se preocupa tanto por mí, que está dispuesto a quedarse afuera en un camino oscuro por más de dos horas esperando para hacerme señas porque "sabía" que me costaría encontrar el camino de vuelta.

Pero así es Bill; le gusta atenderme y cuidarme. A veces cuando salgo a hablar y él no está conmigo, vuelvo con el baúl lleno de un montón de cosas que he metido de cualquier forma. A él le da mucho placer decir: "¡Qué desastre tienes!", y organizarme todos los libros, poniéndolos para el lado que corresponde, y poner todo en un orden exacto y temático, eso es muy importante, tener todo por temas. Le gusta quejarse al principio y murmurar cosas acerca de la forma en que tiro todo en un montón. Después, cuando está todo organizado, dice: "Ahora el baúl está listo para el próximo viaje."

Más vale que no salga sin él

Cuando tengo que tomar un vuelo sola para ir a una conferencia, Bill generalmente me lleva al aeropuerto para estar seguro de que mando el equipaje correctamente y tomo el vuelo que corresponde. También controla las cosas que llevo en la "caja alegre", así como mis cajas de libros. Bill normalmente hace todo eso y lo hace muy bien. Pero en un viaje reciente no tenía a mi esposo melancólico conmigo; tenía a Lynda, que es sanguínea como yo.

Ahí estábamos en el Aeropuerto de Ontario, charlando a todo vapor, divirtiéndonos. El avión tenía que salir a las 12:50 pero habíamos llegado temprano y teníamos *mucho* tiempo. De repente levantamos la vista y parecía que no quedaba nadie en el aeropuerto. Dije: "Lynda, ¿qué pasó con toda la gente?" ¡Eran las 12:55! Habíamos estado sentadas riéndonos y hablando y no habíamos escuchado el anuncio del avión ni nada. Corrimos hacia el embarque y ahí estaba el avión, a punto de salir. Ya se había hecho el anuncio final. Corrimos desesperadamente hacia la puerta y llegamos justo, cargando todos los paquetes y preguntándonos qué había pasado con todo ese tiempo.

Después llamé a Bill y tuve que decirle:

—Sí que te extrañé hoy. Casi pierdo el avión. Se rió y empezó a reprenderme:

—Bueno, si prestaras atención a lo que estás haciendo, estarías bien. Si hubiera estado yo, eso no habría sucedido.

Así que le dije que eso hacía que lo apreciara más que nunca y que no volvería a tratar de abordar otro avión sin él.

—Cuando estás conmigo —dije, agradecida—, puedo sentarme y relajarme y sé que vas a ponerme a tiempo en el avión que corresponde a tiempo.

Por qué formamos un gran equipo

Hace un par de años, cuando Bill se jubiló, se convirtió en el "mozo oficial" de ESPATULA. Aunque es un buen ingeniero mecánico, a Bill le encanta hacer tareas manuales comunes. Es importante que las cosas se hagan bien. Juntos formamos un gran equipo y hasta firmamos el boletín *La línea de amor* juntos —"Bárbara y Bill el mozo."

Una vez recibí una carta de una lectora preciosa de ochenta y dos años:

> Queridos Bárbara y Bill el mozo:
> Al escribir sus nombres, estoy pensando que yo no permitiría que Bill se llamara "mozo". Así que hice un alto para mirar en el diccionario y decía que era algo de calidad inferior, despreciable.
> Al seguir leyendo, me enteré de que un mozo es la persona que hace los mandados, el que ayuda o algo así. Ahora tiene sentido. Es un mozo caballero y un mozo glorificado. También es un mozo generoso porque se le fue la mano con los accesorios para la bicicleta estacionaria: ¡hasta un casco! Estoy muy contenta de que tenga un hombre tan bueno.

¡Yo también! Somos diferentes, pero eso es lo que nos hace funcionar. Yo creo e inicio y doy vueltas mientras Bill completa, organiza y me mantiene en la dirección correcta. Cada uno tiene sus propios dones, y porque aceptamos esos dones, funcionan juntos para ayudar y animar a muchas otras personas. No puedo expresarlo mejor que Bill cuando lo invité (al señor Bonfi) a la plataforma hace poco para compartir algo cuando estaba terminando mi charla con un grupo grande de mujeres en Arizona. Esto es lo que dijo:

> Siempre me sorprende ver lo que el Señor ha hecho en nuestro ministerio conjunto... cómo nos juntó a nosotros dos y le dio este resultado. Pero lo que mejor he aprendido es que el Señor ha dado a cada uno de nosotros ciertos dones espirituales, y siempre me sorprende ver los dones que tiene mi esposa: poder comunicarse, aconsejar, hablar y escribir. Estoy agradecido por poder acompañarla. El Señor nos ha puesto juntos a los dos, para que nos complementemos y no para que le restemos algo al otro.

Eso lo dice todo. Yo me casé con un Bonfi; él se casó con una Confi, ¡y no cambiaríamos las cosas por nada del mundo!

Pensamientos adicionales

Si amas algo, déjalo en libertad.
Si vuelve, no lo habrás perdido.
Si desaparece y no vuelve nunca,
entonces no era realmente tuyo para comenzar.
Y si se queda ahí mirando televisión,
sin darse cuenta de que está en libertad,
es probable que ya te hayas casado con él.

Shoebox Greetings

* * * * * *

¿Qué tiene de asombroso el amor
a primera vista?   ¡Es cuando la gente se ha
estado viendo por años que se vuelve
asombroso!

Anónimo

* * * * * *

La esposa perfecta es la que no pretende un esposo perfecto.

Anónimo

* * * * * *

Las etapas de la mujer:
En su infancia necesita amor y cuidado.
En su niñez quiere diversión.
En sus veinte quiere romanticismo.
En sus treinta quiere admiración.
En sus cuarenta quiere simpatía.
En sus cincuenta quiere efectivo.

* * * * * *

No hay matrimonios perfectos por la sencilla razón de que no hay personas perfectas, y ninguna persona puede satisfacer *todas* las necesidades de otra.

Cecil Osborne
De *The Art of Understanding Your Mate*
(El arte de comprender a su compañero)

Capítulo 9

Las arrugas son la manera en que Dios dice: "Te estoy pisando la cara"

*Uno sabe que se está poniendo viejo cuando
se inclina para atarse los zapatos y se pregunta
qué más puede hacer mientras está ahí abajo.*

Fuente desconocida

Había estado hablando durante dos horas en una charla por radio y ya había dicho, al locutor y a la gente que había llamado, prácticamente todo lo que sabía. El tiempo estaba a punto de acabarse cuando el locutor se volvió hacia mí y me dijo:

—Bárbara, sólo nos quedan dos minutos. Si sólo pudiera decir una cosa para animar a toda la gente que está escuchando, ¿qué diría?

Sentí un momento de pánico. No estaba segura de poder pensar ni siquiera en mi propio nombre y ya había dicho todo lo que sabía, ni siquiera podía pensar en un versículo bíblico. Eché un vistazo a la pequeña caja alegre que llevo conmigo cuando me entrevistan para ver si quedaba algo que pudiera alentar al público. Entonces vi con alegría que había una calcomanía que no había usado y dije:

129

—Bueno, hay una cosa que quisiera que todos sepan y es la siguiente: "LA VIDA ES DIFICIL, Y DESPUES LLEGA LA MUERTE."

El locutor del programa me miró horrorizado, como si hubiera perdido todos los tornillos que tenía.

—Bueno… eh… Bárbara… tal vez nos podría decir en pocos segundos por qué piensa que eso es alentador… —balbuceó.

Me di cuenta de que el locutor estaba pensando: *¿Qué irá a hacer AHORA?* Yo tampoco estaba segura, pero seguí adelante.

—Lo que quiero decir es que nuestra SALIDA de esta vida es nuestra ENTRADA MAS TRIUNFAL allá arriba. ¡Esta vida no es todo! Hay dolor y sufrimiento… pero los que quieren pedirla y reclamarla están buscando en el lugar equivocado porque no hay nada aquí para pedir ni reclamar. *¡Esto no es todo!*

—Esta vida es difícil. Hay todo tipo de dolor, hay todo tipo de problemas: SIDA, divorcio, crimen, enfermedad… pecado. La vida es difícil, y algunas de las personas que están escuchando saben lo difícil que puede ser. Pero me gusta lo que me dijo mi nietecita: "Abuela, no deberías decir que la vida es difícil y después viene la muerte; deberías decir que la vida es difícil y después SE PUEDE MORIR."

—Realmente creo que son buenas nuevas para los cristianos. Tenemos una ESPERANZA SIN FIN, no un FIN SIN ESPERANZA y, aunque la vida es difícil, algún día vamos a morir, lo cual no es tan malo —sencillamente significa que dejaremos esta vida para ir a estar con nuestro Señor y Salvador, ¿y qué podría ser mejor que eso?

—Por eso creo en practicar para el rapto… salgo al patio y salto, practicando para el rapto, porque uno de estos días estaremos *fuera* de aquí. Me encanta la canción "Me iré volando" porque yo sé que mi futuro está tan seguro con él. Esta vida no tiene ningún encanto para mí… mis depósitos están en el cielo, esperando que yo llegue. Qué día hermoso será aquel en el cual pongamos nuestras coronas a sus pies. Esta vida es sólo un valle de lágrimas, pero la tierra no tiene ningún dolor que el cielo no pueda curar. La vida es difícil y dura, pero sólo es temporaria… esta vida es sólo un vapor, pero la eternidad es PARA SIEMPRE.

Cuando terminamos la entrevista las luces estaban saltando en el tablero telefónico. Al parecer, había docenas de personas que querían hablar con la mujer que pensaba que era tan glorioso morirse.

El libro de Billy no es deprimente, es alentador

De tanto en tanto me encuentro con personas que piensan que

es deprimente escuchar que "la vida es difícil y después viene la muerte". Pero para mí no lo es. Todos nos estamos poniendo más viejos, y todos vamos a morir, a no ser que el Señor venga primero. ¿Por qué no encararlo de una manera positiva, en vez de evitarlo y verlo como el peor mal?

Estaba en un avión el otro día leyendo el libro de Billy Graham llamado *Enfrentando la muerte y la vida en el más allá* (Unilit, 1992). La persona en el asiento al lado mío dijo:

—Qué libro tan horrible está leyendo; qué deprimente.

Yo me reí y dije:

—No es deprimente; es emocionante. Es un libro maravilloso.

—¿Tiene cáncer o algo así? —quiso saber mi compañero de vuelo.

Le expliqué que todos tenemos una enfermedad mortal. Todos vamos a morir porque estamos en el camino de salida y es un viaje de ida únicamente. Para el cristiano, es un peregrinaje, y creo que el libro de Billy Graham sobre la muerte es uno de los más alentadores que he leído. Explica por qué los cristianos pueden encarar la muerte con gozo en vez de tristeza. Todos vamos cuesta abajo muy rápidamente. No hay que buscar mucho en la sección de defunciones para ver que hay gente que se va todos los días. Y si se van sin el Señor, no tienen nada. Pero con el Señor, tienen la eternidad, los siglos de los siglos, para estar con él.

Enfrentar la muerte es el triunfo final del cristiano. Puede ser que tengas una enfermedad y no te recuperes. Si Dios no te sana físicamente, te sana espiritualmente y pasas la eternidad con él.

Desde mi punto de vista, no importa el tipo de problema que estemos sufriendo, podemos verlo como algo transitorio. Como dije antes, nuestros problemas no son permanentes; son pasajeros. Y eso nos ayuda a poder enfrentarlos, ya sea cáncer o problemas matrimoniales o problemas con los hijos. Sea lo que fuere, es todo transitorio. Y lo que está por delante va a ser glorioso por la esperanza que tenemos como cristianos.

Por eso me río de ponerme más vieja y gorda. Podemos luchar en contra de ello, y yo lucho junto con todos ustedes, pero el resultado es el mismo; no importa. Como dice la calcomanía:

COMER BIEN, MANTENERSE EN FORMA,
IGUAL SE MUERE.

A menudo escucho esa vieja frase estereotipada: "Las mujeres no envejecen, ¡se ponen mejor!" Lo que yo siempre pregunto es: "¿MEJOR QUE QUE?"

Hace poco estaba en una gran tienda de departamentos buscando una crema y la vendedora (a mí me parecía que tenía catorce años) me mostró algo nuevo llamado "MILENIO". Sonaba medio espiritual, así que le pregunté lo que significaba. Me dijo que tenía un ingrediente especial que hacía que la piel VIEJA se volviera JOVEN.

Yo pensé para mis adentros que probablemente tardaba mil años en hacerlo. Las compañías siguen sacando productos que dicen tener poderes mágicos. Mi amiga, Joyce, mandó a pedir una cosa maravillosa que salía por televisión llamada "SUEÑALO". Había que tomar las píldoras por la noche, soñar que la grasa desaparecía y despertarse delgada por la mañana. El aviso era seductor pero el producto era un fracaso total, como es de imaginarse.

Podemos desear un milagro, pero no hay ninguna forma rápida y sencilla para volverse joven, delgada y hermosa. Con el pasar de los años se comienza a pensar que se está librando una batalla para mantener la mente intacta, el cuerpo en funcionamiento, los dientes en las encías, el pelo en el cuero cabelludo, y el peso bajo. Realmente puede ser una lucha. Se parece mucho a tratar de mantener una pelota de playa bajo el agua ... ¡tarde o temprano algo tiene que saltar! Mi excusa favorita es: "Yo era Blanca Nieves, pero ¡me hice bola!"

¡No pertenezco con los "viejos"!

Dicen que dentro de cada persona mayor hay una persona mucho más joven preguntándose qué habrá pasado, y eso es precisamente lo que siento mucho del tiempo. Bill y yo vivimos en un parque de casas rodantes y muchos de nuestros vecinos son jubilados. Eso significa que mucha de la gente es anciana, y con frecuencia pienso: *Yo no pertenezco aquí... hay gente VIEJA viviendo aquí.*

No hace mucho Bill y yo nos encontramos con la siguiente demostración del punto de vista de un niño sobre la jubilación o el retiro (fuente original desconocida). Parece ser que después de las fiestas de Navidad y de fin de año la maestra le preguntó a sus alumnos cómo habían pasado las vacaciones. Un muchachito contestó así:

Siempre pasamos la Navidad con el abuelo y la abuela. Antes vivían en una casa grande de ladrillo, pero el abuelo se retardó[1] y se fueron a vivir a Florida. Viven en un lugar con un montón de gente

---

[1] Quiso decir "se retiró", que en inglés significa que se jubiló.

retardada.[1] Viven en chozas de lata. Andan en triciclos grandes. Van a un edificio grande al que le dicen salón de las ruinas.[2] Pero si estaba arruinado ya lo arreglaron. Juegan ahí y hacen ejercicios, pero no los hacen muy bien. Hay una piscina y van ahí y se paran en el agua con el sombrero puesto. Supongo que no saben nadar. Antes mi abuelita horneaba galletas y cosas pero creo que ya se le olvidó cómo hacerlo. Nadie cocina ahí; todos van a comer afuera. Cuando se entra al parque hay una casa de muñecas con un hombre sentado adentro. Está vigilando todo el día para que no se salgan sin que los vea. Usan etiquetas con sus nombres. Creo que no saben quiénes son. Mi abuelita dijo que el abuelo trabajó mucho toda la vida y se ganó su retardación. Ojalá pudieran volver a su casa, pero supongo que el hombre de la casa de muñecas no les deja salir.

El otro día hablé en un hogar para ancianas, donde la mayor parte del público usaba andadores y audífonos. ¡Algunas hasta tomaron la siesta durante mi presentación! Compartí con ellas e incluí algo de humor como: "Las arrugas son la manera en que Dios dice: 'Te estoy pisando la cara.' " Y algo más que realmente me gusta:

DIOS HIZO LAS ARRUGAS PARA MOSTRAR DONDE HAN ESTADO LAS SONRISAS.

Cuando terminé, una viejita adorable pasó al frente y me dijo: "Señora Johnson, me encantó su charla sobre las arrugas y quiero darle algo para su caja alegre..." Entonces me alcanzó un pequeño aerosol azul que decía "NO MAS ARRUGAS: Rocíe y adiós arrugas."

Le seguí la corriente y le dije que no veía la hora de llegar a casa y probarlo. Pero, por supuesto, cuando leí el resto de la etiqueta, me enteré de que era para algodón, lino y seda, no para la piel.

No hay mucho que se pueda hacer por las arrugas, aunque las mujeres, especialmente, siguen intentando con operaciones, máscaras, cremas y demás. Tengo una amiga de cincuenta años que le dice a la gente que tiene sesenta porque se ve *muy bien* para tener sesenta pero *horrible* para tener cincuenta.

Si usted no le hace caso, la edad no cuenta

Dicen que la edad es cuestión de la mente: si no te molesta, no

---

[2] El niño confundía el verbo que en inglés significa divertirse con el que se pronuncia de manera muy parecida y que significa arruinarse, destrozarse o irse a pique. Nota del editor.

importa. El problema es que a mucha gente sí le importa. Se siente consolada cuando ve artículos con títulos como: "LA VIDA MEJORA CUANDO LA MUJER LLEGA A LA MEDIA VIDA." Según un estudio realizado por un especialista, las mujeres de edad media han llegado a ser más confiadas, independientes y organizadas; más preparadas para encarar la vida. Este investigador dijo: "Aunque no hallamos que la vida comience a los cuarenta para las mujeres, sí hallamos que al acercarse a la edad media, son seres humanos más completos."

Supongo que hay algo de verdad en los descubrimientos de este hombre. Lo que muchas de nosotras quisiéramos decirle, sin embargo, es que la vida sí comienza a los cuarenta… ¡comienza a deteriorarse!

Las mujeres están bajo una presión tremenda para seguir pareciendo jóvenes y hermosas. Es triste decirlo, pero descubren que la juventud es ese breve período entre comprar las primeras medias de nilón y usar medias elásticas. Yo a menudo digo que vivo en un punto entre el estrógeno y la muerte, pero alguien me corrigió una vez y me dijo que estoy viviendo en un punto entre la Laguna Azul y la Laguna de Oro.[3]

Hay toda clase de maneras para darse cuenta que una está envejeciendo. Por ejemplo:
* Todo duele, y lo que no duele no funciona.
* Tienes cabellos de plata, dientes de oro y pies de plomo.
* Hacer llamadas de larga distancia te cansa.

¿Sabes por qué las mujeres mayores de cincuenta años no tienen bebés? ¡Porque los dejarían en algún lado y después olvidarían dónde!

El poder para crear recuerdos

Algunos de nuestros mejores días los hemos pasado con nuestros hijos y estoy segura de que tú podrías decir lo mismo. Creo que una riqueza inesperada al ser mayor llega al recordar la época en que nuestros hijos nos divirtieron tanto, y a lo mejor nos exasperaron un tanto también.

Una vez, cuando hablaba a un grupo, incluí una sección en la charla acerca de "edificar risa en las paredes" haciendo un esfuerzo especial por tener momentos memorables con la familia. Una mujer

---

[3] Dos historias diferentes, la primera de un amor entre adolescentes y la segunda de un matrimonio de ancianos que por su edad ya ve venir la muerte. Nota del editor.

joven se me acercó después y me dijo: "Leí el libro que escribió diciendo que las experiencias de hoy son los recuerdos de mañana. Cuando lo terminé le dije a los niños: '¡Vamos a hacernos unos recuerdos!' Tomé un montón de fotos de los hijos y las puse en un álbum y hasta hicimos unos videos."

Después de describir cómo habían hecho muchos recuerdos maravillosos, me contó acerca de un incidente con el hijo:

"Mi hijo, Jimmy, tiene siete años, y un día llegó a casa de la escuela y dijo: 'No tengo tarea, voy a andar en la patineta y después voy a ver televisión y no voy a hacer más que divertirme porque hoy no tengo tarea.' "

La mamá me dijo que se sintió contenta por su hijo y le dejó andar en patineta. Después de cenar miró televisión todo lo que quiso y a eso de las nueve se fue a la cama. Ella y el esposo miraron televisión hasta las once y al ir apagarla para acostarse ellos también, ella se felicitaba por tener todo listo para el día siguiente, pero al mirar hacia la escalera, vio a Jimmy, una figura triste en su pijama. Jimmy dijo, implorante: "Acabo de acordarme; mañana tengo que llevar un mapa de Venezuela en relieve."

Ahora bien, casi todos los padres saben que los mapas en relieve son lo que la maestra les da a los alumnos para volver locas a las madres. Después de todo, es mamá la que generalmente termina ayudándole al hijo a armar el mapa. Así que ahí estaban, a las once de la noche. Jimmy se había pasado la tarde andando en patineta, mirando televisión y divirtiéndose de lo lindo y AHORA era hora de hacer el mapa en relieve.

La mamá dijo: "Busca la sal y la harina. Ahora, ¿en dónde queda Venezuela?" Así que empezaron a dar vueltas buscando todo. "¿Dónde está la acuarela azul? ¿Dónde está la verde?" El esposo, por supuesto, se había ido a la cama. No era problema de él. El estaba bien dormido, soñando con Bermuda, no con Venezuela.

Jimmy hizo un esfuerzo sobrehumano por ayudar. Se sentó, tratando de no dormirse, mientras dibujaba su versión de Venezuela, y la mamá daba vueltas por la cocina emitiendo sonidos exasperados. Por fin el niño levantó la vista y preguntó con lágrimas: "Mamá, ¿estamos haciendo un recuerdo ahora?"

Por molesta que haya estado la madre esa noche, nunca olvidará el mapa de Venezuela en relieve y las palabras preciosas de su hijito. Será un recuerdo invaluable, uno que no cambiaría por nada del mundo. Con el pasar del tiempo, los recuerdos se van pareciendo cada vez más al oro. Adquieren más valor que muchas de las antigüedades y demás "cosas" que se van juntando. Me encanta la siguiente reflexión sobre los recuerdos. Alguien me la mandó del boletín de una iglesia. Creo que tiene un mensaje memorable:

> Al pasar por la vida, cada uno de nosotros lleva un cuaderno de recuerdos, ya sea anotado en papel o en las páginas de la mente. Al escribir, es importante anotar algunas de las cosas pequeñas de cada día para el momento en que esas notitas se conviertan en nuestro mayor gozo. Así que anoten el día en que florecieron las lilas, el día en que el hijito les regaló un diente de león, el día en que los pájaros encontraron la casita que les hicieron. En esta época de lo grande, las cosas grandes nos pueden aplastar si olvidamos las palabras del que dijo que miremos los lirios del campo y no nos afanemos.

Estoy muy bien, para el estado en que me encuentro

Por supuesto que hacemos todo lo que podemos para detener la vejez pero es una batalla que vamos perdiendo. Sin embargo, nos gusta pensar que todavía podemos, que a pesar de todo estamos en bastante buen estado. Como dijera un poeta desconocido:

No tengo nada,
estoy de lo más bien.
Tengo artritis en las dos rodillas
y cuando hablo jadeo.
Tengo el pulso débil y la sangre aguada
pero estoy muy bien para el estado en que me encuentro.

Tengo plantillas para los pies
o no podría salir a la calle.
No duermo noche tras noche
pero cada mañana descubro que estoy bien.

Me falla la memoria, me da vueltas la cabeza
pero estoy muy bien para el estado en que me encuentro.

La moraleja de la historia que relato es esta:
Que para ti y para mí que nos estamos poniendo viejos,
es mejor decir "estoy bien" y sonreír
a que se enteren del estado en que nos encontramos.

No siempre he hecho ejercicio con entusiasmo. Yo solía estar de acuerdo con la calcomanía que decía:

CADA VEZ QUE PIENSO EN HACER EJERCICIO
ME ACUESTO HASTA QUE SE ME PASA.

Ya no es así. Hace unos años, Bill me compró una bicicleta estacionaria maravillosa para hacer ejercicio adentro y me la instaló en la sala alegre junto al televisor y el teléfono. Hasta me encontró un casco viejo en el garaje y sugirió que me lo pusiera cuando usara la bicicleta.

Así que me puse el casco y empecé a pedalear alegremente, pero después de un rato me empecé a aburrir, pedaleando sin llegar a ningún lado ni ver a nadie. Así que pensé en algo que me acercaría a toda la familia de ESPATULA y podía hacerlo desde mi propia bicicleta en mi sala alegre. Decidí que atravesaría todos los Estados Unidos en bicicleta sin salir nunca de casa. Algunos podrían pensar que es una locura, pero para mí ha sido pura diversión.

Primero, conseguí un mapa grande de los Estados Unidos en colores y lo colgué en frente de la bicicleta para poder verlo mientras andaba. Después conseguí chinchetas y cada vez que avanzaba 30 kilómetros, movía la chincheta. A un paso de quince a veinte kilómetros por día, tardé cuatro meses en llegar desde Los Angeles hasta Denver.

Tengo la lista de amigos por código postal cerca de la bicicleta y cuando llego a una ciudad, me fijo en cuáles viven ahí. Entonces oro por esas personas y sus problemas particulares y le pido al Señor que esté muy cerca de ellos ese día, y que los envuelva en su manto consolador de amor y les haga sentir su presencia todo el día.

Realmente llegué a pasar por cada estado de la Unión de esa forma, ¡hasta Alaska! Cuando sabía que estaba en un estado donde hace frío, me ponía un gorro y una bufanda, para entrar en ambiente. Y si estaba en Florida, o tal vez Hawai, tomaba té helado mientras pedaleaba.

Algunos escuchan casetes mientras caminan, otros miran televisión, algunas hasta intentan leer. Todos esos planes están bien, pero creo que he descubierto la mejor idea de todas, algo que le ha dado vida a mi oración. Mientras "hacía ciclismo por todo el país" oré específicamente por cada integrante de la familia ESPATULA y en esa forma fortalecí mi propia vida espiritual mientras fortalecía mi corazón y mis pulmones.

¿Que si adelgacé mucho? No mucho (en realidad uso una perfecta talla 40, sólo que lo cubro con grasa para que no se arruine), pero el amor que siento por todos los que estoy tratando de ayudar se fortaleció mientras pedaleaba todos esos kilómetros. En este momento, estoy en mi segunda gira por los Estados Unidos, por llegar a Kankakee, Illinois. Para darme aliento, tengo una calcomanía en la pared que me recuerda que:

LAS CELULAS DEL CEREBRO VAN Y VIENEN ¡PERO LAS DE GRASA SON PARA SIEMPRE!

El momento de la verdad de la licencia de conductor

No hace mucho tuve que renovar mi licencia de conductor y cuando llegó, tuve una agradable sorpresa. En comparación con la fotografía de la licencia de cuatro años antes, ¡había MEJORADO! No era difícil de explicar. Cuatro años antes había estado tan perdida, tan en el limbo, que cualquier fotografía que se me hubiera tomado tenía que reflejar el choque que sentía por mis problemas de familia.

Tal vez conoces la vergüenza de sacar la licencia de conductor para identificación y ver cómo la persona mira la fotografía y después te mira a ti. La persona está pensando, *¿Realmente es la misma persona?* Por supuesto que te apresuras a explicar por qué esa fotografía no muestra tu "verdadera belleza". Esa es la experiencia típica, pero en el caso mío en la fotografía anterior me veía tan mal que la nueva me hacía quedar bien. Ese fue un día que me hizo sonreír en verdad.

Sin embargo, la solicitud de la nueva licencia me recordó de los cambios que traen los años. La típica solicitud de licencia tiene espacios para poner el color de los ojos, el color del pelo, el peso, etc. ¿No es extraño que las mujeres siguen pesando lo mismo que la primera vez que sacaron el carné a los dieciocho años? ¿Y por qué será que algunos hombres tienen una licencia que dice: "Pelo: castaño" cuando en realidad hace mucho que desapareció el pelo y están completamente calvos?

Dime, ¿alguna vez has visto una licencia de conductor con la información correcta? ¿Qué pasa con la gente que tiene un ojo castaño y el otro celeste? No hay espacio para eso en el carné. ¿Y las mujeres con "techos convertibles"; es decir, que cambian el color de pelo con tanta frecuencia que sólo su peinadora sabe cuál es el verdadero y a veces ni siquiera ella?

Sí, los años pueden traer muchos cambios, y muchas veces se dice que al envejecer desarrollamos algo que se llama "endurecimiento de las actitudes". No hay espacio en la licencia de conductor para poner la condición de las actitudes. Pero con sólo salir a la autopista uno se puede enterar rápidamente que mucha gente las tiene bien endurecidas.

No quiero que se diga eso de mí. De hecho, el siguiente poema de un poeta anónimo es mi oración diaria.

SOBRE EL ENVEJECIMIENTO

Señor, tú me conoces mejor que yo,
sabes que estoy envejeciendo y que un día seré anciana.
No me dejes hablar constantemente, y guárdame
de la costumbre fatal de pensar que debo decir algo
sobre cada tema y en cada ocasión.
Líbrame de querer arreglar
los asuntos ajenos.

Libra mi mente del recital de detalles interminables,
y dame alas para llegar al punto.
Pido gracia para escuchar las historias de los demás;
ayúdame a soportarlas con paciencia, pero sella mis labios
en el tema de mis propios males y dolores. Pues mis males están
aumentando y mi afecto por ensayarlos aumenta con los años.
Enséñame la gloriosa lección que de vez en cuando es
posible que me haya equivocado.
Mantenme razonablemente dulce; no quiero ser un santo
—algunos de ellos son tan difíciles de soportar— pero un
viejo amargado es uno de los mayores triunfos del diablo.

Hazme pensativo pero no malhumorado; servicial, pero no
mandón. Con mis enormes recursos de sabiduría, parece una pena
no usarlos todos; pero tú sabes, Señor, que quiero tener algunos
amigos al final.

"Algunos amigos al final" es todo lo que realmente podemos
esperar. Obviamente, el mejor amigo debería ser el Señor, pero
también queremos otros amigos. En los últimos años se han escrito
muchos libros acerca de la amistad —cómo encontrar amigos, cómo
ser amigo—, y aunque yo no he escrito ningún libro sobre la amistad,
pienso que conozco el secreto. Voy a contarlo en el próximo capítulo.

Pensamientos adicionales

LA EDAD NO IMPORTA,
A MENOS QUE SEAS UN QUESO.

De una calcomanía

* * * * * *

Me parece que el ciclo de la vida está al revés. Uno tendría que morir primero, ser echado a un lado y después vivir veinte años en un hogar de ancianos. Ser echado cuando se es demasiado joven, recibir un reloj de oro y salir a trabajar. Trabajar cuarenta años hasta ser lo suficientemente joven para disfrutar la jubilación.

Estudiar en la facultad... hasta estar listo para la escuela secundaria. Ir a la primaria, volverse niño, jugar, no tener responsabilidades, volverse bebé, regresar a la matriz, pasar los últimos nueve meses flotando y terminar siendo un brillo en el ojo de alguien.

Bob Benson

* * * * * *

¡HAY QUE COMER EL POSTRE PRIMERO!
DESPUES DE TODO, LA VIDA ES INCIERTA.

De una calcomanía

* * * * * *

UNA REFLEXION SOBRE EL ENVEJECIMIENTO
Recuerden que los ancianos valen una fortuna, con plata
en el pelo, oro en los dientes, piedras en los riñones, plomo en los pies y
gas en el estómago.

Fuente desconocida

* * * * * *

UNO NO DEJA DE REIRSE PORQUE SE VUELVE VIEJO,
SE VUELVE VIEJO PORQUE DEJA DE REIRSE.

De una calcomanía

* * * * * *

No importa cuánto envejezca, hay cierta gente que
nunca pierde la belleza, sencillamente
la mueve de la cara al corazón.

Fuente desconocida

* * * * * *

TRABAJA PARA EL SEÑOR. NO PAGA MUCHO,
PERO LA JUBILACION ES COSA DEL OTRO MUNDO.

Fuente desconocida

* * * * * *

Por lo cual estoy convencido de que ni la muerte, ni la vida, ni ángeles, ni principados, ni lo presente, ni lo porvenir, ni poderes, ni lo alto, ni lo profundo, ni ninguna otra cosa creada nos podrá separar del amor de Dios, que es en Cristo Jesús, Señor nuestro.

Romanos 8:38, 39.

Capítulo 10

No recuerdo haber pedido esto

Pensamiento alentador de la semana:
Si comes un sapo vivo a primera hora,
no podrá pasarte nada peor
el resto del día.

Fuente desconocida

Con frecuencia recibo "pensamientos alentadores" de parte de mi buena amiga, Mary Lou, y una de sus contribuciones más oportunas llegó un día en el cual el esfuerzo por ayudar a tanta gente que está en el pozo casi me había dejado ahí a mí también. Abrí el sobre y había un dibujo de una mujer confundida con las manos y los pies atados, acostada encima de las vías. El titular decía: "¡No recuerdo haber pedido esto!" Mientras me reía pensé: *¡Cierto! No PEDI esto, pero es lo que TENGO, así que voy a seguir mi propio consejo; voy a ponerme una flor en el pelo y a ser feliz.*

Ese sobrecito de Mary Lou no tenía nada caro ni "profundo"; sin embargo, me animó todo el día. Creo que ése es el secreto de ser un buen amigo: buscar siempre maneras de alentar y reanimar a los demás. Proverbios 11:25 contiene mucha sabiduría:

EL ALMA GENEROSA SERA PROSPERADA,
Y EL QUE SACIA A OTROS TAMBIEN SERA SACIADO.

Al saciar a los demás, se aplaca el dolor propio. A lo mejor estás viviendo un momento doloroso ahora mismo o estás tratando de recuperarte de una pérdida tremenda. En ese caso, intenta "reanimar o saciar" la vida de otra persona, y al animarla a ella, descubrirás que tu propio dolor se aminora.

Como dije en el primer capítulo de este libro, el dolor es inevitable. El asunto es encontrar maneras de evitar que se convierta en infelicidad. Así que cuando alguien manda una nota, una tarjeta o un recorte, o me hace una llamada que me anima, me hace pensar en maneras en las cuales yo puedo refrescar y animar a otros. Mi pregunta siempre es: "¿Cómo puedo ayudarte a aplacar el dolor en tu vida? ¿Cómo puedo ayudarte a sentirte animado?" No podemos quitar el dolor ajeno pero podemos diluirlo. Creo que el ministerio ESPATULA se trata precisamente de eso: de ayudar a la gente a vivir con el dolor que es inevitable, de darle algo de aliento, gozo y hasta algunas sonrisas para ir borrando ese dolor.

Mi personaje bíblico favorito

Al Sanders, el locutor de la radio *Vox Pop*, me preguntó algo que me hizo pensar mucho: "Al examinar la Palabra de Dios, la Biblia, ¿a quién te quisieras parecer?"

Mi respuesta fue que quería ser como Onesíforo, el hombre de quien Pablo dijera: "El Señor conceda misericordia a la casa de Onesíforo, porque muchas veces me reanimó y no se avergonzó de mis cadenas" (2 Tim. 1:16). Tengo que admitir que Onesíforo es un personaje algo desconocido. Sólo se lo menciona una vez en toda la Biblia y para colmo el nombre suena como una enfermedad. Pero cuando yo llegue al cielo, voy a buscarlo y le voy a contar que he pasado buena parte de mi vida tratando de ser como él.

Una paráfrasis de 2 Timoteo 1:16 dice que las visitas de Onesíforo reanimaban a Pablo como "una brisa fresca". Ahí estaba Pablo, esperando la ejecución. Todos menos Lucas lo habían abandonado. Entonces Onesíforo, su viejo amigo de Efeso, lo buscó por todas partes y por fin lo encontró en cadenas y lo reanimó.

"Reanimar" significa literalmente "devolver la vida" o "restablecer las fuerzas". La Biblia no dice lo que hizo Onesíforo para reanimar a Pablo, pero el solo hecho de tomarse el tiempo de buscarlo era animador. Y Onesíforo no estaba avergonzado de las cadenas de Pablo. Lo animó cuando estaba cansado y solitario al hacerle saber que todavía había alguien que se preocupaba por él.

Una nota reanimadora

Escucho regularmente dos programas por radio: "Enfoque a la familia" del doctor James Dobson y "Reflexiones sobre la vida" de

Chuck Swindoll. Me he sentido muy reanimada y alentada por sus excelentes contribuciones.

Hace tiempo, Chuck Swindoll dedicó un mensaje entero a un hombre llamado Epafrodito, y al escuchar el casete, me di cuenta de que seguía diciendo que Epafrodito era el hombre que había ido a "reanimar" a Pablo cuando estaba en prisión. Ahora bien, Chuck Swindoll es uno de los estudiosos más conocedores de la Biblia que pueda haber, pero me di cuenta de que había confundido a Epafrodito con Onesíforo. Yo acababa de hacer un pequeño estudio sobre personajes bíblicos poco conocidos y Onesíforo había sido uno de ellos. Epafrodito sí fue a ver a Pablo en la prisión y le llevó un regalo de la iglesia filipense (ver Fil. 2:25-30). Pero 2 Timoteo 1:16 dice claramente que Onesíforo era el hombre que lo había encontrado y lo había *reanimado* con sus visitas.

Así que no pude resistir la tentación de escribirle una nota a Chuck diciéndole: "Escuché todo el mensaje sobre Epafrodito y él no fue el que reanimó a Pablo, fue Onesíforo." Mandé la nota con algo de inquietud, después de todo, ¿quién era yo para corregir a Chuck Swindoll acerca de algo bíblico?

Poco después recibí una carta de Chuck que decía:

> Querida Bárbara:
>
> Gracias por escribir.
> Tienes razón: ERA Onesíforo y no Epafrodito. Es fácil confundirlos. Eso demuestra lo realmente desconocidos que eran...
>
> Con afecto y gratitud,
> Chuck Swindoll

Uno de los más grandes maestros bíblicos de los Estados Unidos era lo suficientemente honesto como para admitir que se había equivocado y me agradeció por la corrección. Eso sí que era reanimador. "El alma generosa será prosperada, y el que sacia a otros también será saciado" (Prov. 11:25). La gentil respuesta de Chuck no sólo me reanimó sino que me inspiró a intentar aún más a seguir los pasos de Onesíforo, a ser una persona reanimadora, invirtiendo mi vida en los demás, sabiendo que al reanimar a los demás, nosotros mismos somos reanimados.

¿Cristianos reconfortantes o recios?

Chuck Swindoll compartió otra reflexión reanimadora en una de sus emisiones. Dijo que los cristianos pueden ser como una bolsa de canicas: sin sentimientos y sin amor, golpeándose reciamente al pasar por la vida. O pueden ser personas *reconfortantes*: como una bolsa de uvas amontonadas para formar un lugar blando y amoroso para amortiguar y reconfortar a los demás en los golpes duros de la vida. No hay duda de lo que era Onesíforo. La próxima vez que hables con alguien que está sufriendo y necesita consuelo, decide lo que preferirías ser: una uva blanda y cómoda, parte de la viña refrescante del Señor, o una canica dura y recia, ciega a los que están siendo aplastados a plena vista.

Shannon, mi nuera, me escuchó hablar acerca de los cristianos reconfortantes y recios en una reunión y al volver a casa hizo la tira de dibujos que aparece en esta página. Apareció originalmente en el boletín *La línea de amor* y creo que ilustra la idea mejor que cualquier palabra.

La ilustración recio-*versus*-reconfortante me recuerda algo que Louis Paul Lehman escribiera una vez en el boletín de la Iglesia El Calvario de Grand Rapids, Michigan, donde fue pastor por muchos años:

> Toca a alguien con una palabra cálida. Alegra a alguien con una sonrisa genuina. Consuela a otro así como has sido consolado (2 Cor. 1:4). Acompaña a alguien que está solo. Tanto la "lágrima compañera" como la risa resonante pueden abrigar en un día frío. El calor, como una canción, es tal que no se puede dar sin disfrutarlo.

El cuerpo de Cristo tiene el propósito de abrigar a los que tienen frío. Como dijera Santiago, no podemos decirle a la gente: "Id en paz, calentaos y saciaos" (Stg. 2:16). Necesitamos hacer algo por sus necesidades, ya sean físicas o emocionales.

¡Qué semana!

¿Nunca tuviste un año, una semana o un día cuando no podías soportar ni siquiera una pequeña e insignificante irritación más? Hace poco me tocó uno de esos días cuando me estaba preparando para ir a dar una conferencia en un retiro en las montañas. Se le acabó la sal al ablandador de agua así que no tuve burbujas en el baño. El último par de medias que tenía en el cajón estaba dañado y el teléfono estuvo sonando con llamadas de personas con problemas que tomaron más tiempo del común para aconsejar. Y después hubo un montón de pedidos en la correspondencia que había que atender antes de salir.

Ya sé que hay muchos problemas mayores en el mundo, pero los míos se habían juntado y habían empezado a deprimirme. Toda la mañana había buscado aunque sea un poquito de aliento, alguna cosita para calmar la agitación. Hasta di una vuelta por la sala alegre y traté de recordar alegrías previas, pero parecía que ese día no sería nada fácil encontrar el gozo.

Fui corriendo al supermercado a comprar algunas cosas que necesitaría para el viaje. Por supuesto que me tocó uno de esos carritos *idiotas* con las rueditas que van en direcciones contrarias. Al ir hacia la caja me volví a sentir abandonada porque la caja rápida para clientes con menos de diez artículos estaba cerrada. Podría haber pasado por ahí fácilmente pero ahora tenía que elegir entre dos colas llenas de mujeres que parecían estar haciéndole las compras al ejército.

"¡Por favor, Señor!", oré, "necesito un POQUITO de aliento hoy. ¿No puedes hacer que pase algo para hacerme saber que te importa toda la pesadez que me está agobiando?"

En ese preciso instante, un joven se acercó a una caja desocupada próxima a la cola donde yo estaba y dijo: *"Señorita, ¡con todo gusto la atiendo aquí!"*

Miré para todos lados y no vi a nadie, así que me di cuenta de que me estaba hablando a mí. A lo mejor fue lo de *señorita* que me hizo sentir tan bien. Pero más que nada fue saber que no estaba abandonada. Creo que abrió esa caja *especialmente por mí*, para que pudiera pasar a todas esas mujeres con los carritos llenos. Qué manera tan sencilla de Dios de recordarme su cuidado constante. A veces puede costar encontrar el gozo. A veces los diamantes están escondidos en lugares que nos impiden ver su brillo, pero igual tenemos que seguir buscándolos.

Ese día en el supermercado estaba deprimida y frustrada porque parecía que iba a tener que esperar una eternidad para salir de la tienda con unos cuantos artículos y sencillamente no tenía tiempo para perder. Pero un instante después estaba contenta y animada porque era la *primera* en la cola. No me pasó mucho más de positivo durante toda la semana, pero ese día en el supermercado un destello del cuidado de Dios me envolvió en su amor.

Pocos días después, al hojear una revista, un dibujo con las palabras "La felicidad es el primer lugar en la cola" parecía saltar de la página. Era un dibujo de una mujer con un carrito de supermercado. Dios me estaba recordando el gozo que había sentido pocos días antes. Y volví a sentir que su manto consolador me cubría. Realmente creo que Dios nos cuida aun en las cosas más pequeñas para que podamos tener GOZO abundante.

La gente sufre de tantas formas, y parece haber mucha gente *sin gozo*. Aun los que tenemos el gozo profundo y duradero que sólo el Señor puede dar a veces nos hundimos bajo el peso de toda la basura de la vida. Así que cada vez que veas un carrito de supermercado, recuerda que Dios puede revelarte su cuidado aun en maneras muy pequeñas. Tú también puedes sentirte tan contenta como yo cuando te des cuenta de que habrá momentos en que seas la PRIMERA (y la única) en la cola.

¿Nunca te sientes como Don Quijote?

¿Te acuerdas de Don Quijote, el pensador positivo que se pasó tanto tiempo arremetiendo contra los molinos? Tal vez conozcas la sensación de estar completamente absorto en luchar contra molinos todos los día de la vida, algo así como picar una pared de cemento con una paja. Hace poco me tocó un día así, pero cuando llegó el correo había un casete de un pastor en Ohio a quien ni siquiera conocía. Lo puse en el tocacintas y escuché el mensaje, que trataba acerca de aguantar y salir adelante. Habló de muchas cosas y después hizo algunas preguntas difíciles:

> ¿Por qué seguir intentando... por qué ir en contra de la corriente de la vida? ¿Por qué esforzarnos por amar a los indeseables? ¿Por qué no podemos darnos por vencidos nunca, aunque fracasemos? ¿Por qué tenemos que seguir aguantando cuando nadie parece apreciar nuestro esfuerzo, y tan pocos siquiera saben del sacrificio que nos cuesta nuestro trabajo? ¿Por qué tenemos que animar a los oprimidos, a aquellas personas que han sido derrotadas vez tras vez... por qué nunca podemos darnos por vencidos por un hijo descarriado? ¿Por qué tenemos que seguir aguantando? ¿POR QUE? ¿POR QUE?

Yo me preguntaba qué iba a decir. Sí, ¿por qué? Sería mucho más fácil darse por vencido y sentarse a descansar un rato. Y entonces llegó la respuesta, con la victoria vibrando en la voz. Y lo que dijo me hizo saltar el corazón de gozo:

> Porque algún día *"el Señor mismo descenderá del cielo con aclamación, con voz de arcángel y con trompeta de Dios; y los muertos en Cristo resucitarán primero. Luego nosotros, los que vivimos y habremos quedado, seremos arrebatados juntamente con ellos en las nubes, para el encuentro con el Señor en el aire; y así estaremos siempre con el Señor. Por tanto, alentaos los unos a los otros con estas palabras"* (1 Tes. 4:16-18).

¡Qué esperanza! ¡Qué victoria! ¡Qué fe para vivir! ¡Qué manera de disipar las dudas y la pesadez de la vida! ¡Qué motivación para sobresalir en todo lo que hacemos y para seguir aguantando! Y qué motivo para seguir amando y animando a otros. Alguien me mandó esto en una nota, y me encanta:

> El amor es el único tesoro que se multiplica con la división. Es el único regalo que aumenta en proporción a lo que se le quita. Es

el único negocio que recompensa el despilfarro. Uno puede rega-
larlo, tirarlo, vaciarlo de los bolsillos, sacudirlo del cesto, volcarlo del
vaso y al día siguiente habrá más que nunca.

Me contaron del dueño de un pequeño almacén en un cruce de
caminos que fue nombrado como administrador de correos local.
Pero seis meses después de su nombramiento, no había salido ni una
carta del pueblo. Cuando los oficiales preocupados de la capital
investigaron, el administrador les explicó: "Es sencillo; la bolsa
todavía no se ha llenado."

A veces los cristianos somos así. Pensamos que nuestra bolsa
tiene que estar llena antes de poder compartir el amor y el aliento con
los demás. No hace falta que la bolsa esté llena para compartir las
bendiciones con los demás. No hace falta ser rico para dar parte del
tiempo, del talento, de los recursos para ayudar a alguien menos
afortunado. Si tu bolsa no está llena, no importa. Usa lo que tienes
para enriquecer la vida de los demás y pronto verás que tu propia
copa estará rebosando de gozo.

Ha habido tantas "hijas de aliento" en mi vida que me han traído
comidas, han transcrito innumerables hojas con máquina, han hecho
llamadas o sencillamente me han dicho: "Ven a casa; relájate y
refréscate." Estoy eternamente agradecida por los muchos amigos
fieles que me han animado en el ministerio ESPATULA, que me
exige mucho, tanto física como emocionalmente.

¡Las prisioneras me tiraron besos!

Pasé un día realmente precioso hace unos meses cuando me
invitaron a hablar en Sybil Brand, una prisión grande para mujeres en
la zona de Los Angeles. Cuando era chica, iba frecuentemente con
mi padre cuando predicaba en las cárceles locales y cantaba para los
prisioneros. Pero hacía mucho tiempo de eso y mi primera reacción
a la invitación de la capellana de Sybil Brand fue: "No quiero ir a
hablar en una prisión. ¿Cómo puedo identificarme con esas mujeres?
No conozco a nadie en la cárcel... nunca estuve en prisión... no
quiero ir."

Pero la capellana Lelia Mrotzek insistió y siguió diciéndome: "Su
mensaje será útil."

Por fin decidí que Dios estaba tratando de decirme algo, así que
dije que sí. Pero cuando llegamos al lugar, volvieron todos mis
sentimientos negativos. En una prisión de seguridad máxima, revisan
todo... no se puede llevar nada aparte de uno mismo. Había llevado
a mi amiga Linda para apoyarme y alentarme y después que escuché

las indicaciones que me dio la capellana antes de pasar al frente a hablar, decidí que necesitaba todo el aliento posible. La capellana Mrotzek me dijo: "Cuando esté hablando en la plataforma haga de cuenta que hay una pared invisible entre usted y las prisioneras. No puede acercarse a las mujeres, ni hacerles gestos, ni saludarlas, ni tocarlas ni hacer nada que provoque una reacción."

Después siguió: "Las mujeres de las primeras diez filas están vestidas de celeste; no son peligrosas. En las siguientes diez a quince filas están vestidas de azul más obscuro y están aquí por crímenes más serios. Las de las últimas veinte filas están vestidas de un azul marino. Son las que están de por vida o que han estado por mucho tiempo con grandes problemas. Pero no se preocupe, hay guardas armadas en cada punta de las filas para que nadie pueda llegar a la plataforma para lastimarla."

Fue muy reconfortante saber que había guardas armadas para controlar a todas estas prisioneras, especialmente las que "no eran muy peligrosas". Seguí adelante con mi plática y relaté toda mi historia acerca de Bill, Esteban, Timoteo y Larry. Cuando llegué al final, había lágrimas en los ojos de muchas de las mujeres, y parecía que iba a poder terminar sin romper ninguna de las reglas de la capellana. Pero de algún modo me olvidé de dónde estaba y usé uno de mis comentarios favoritos sobre la maternidad: "Ser madre es como recibir cadena perpetua sin esperanza de libertad condicional."

Casi quedo cortada en media oración, al darme cuenta de que probablemente había metido la pata. Pero las mujeres sólo se rieron y su reacción me hizo cometer otra indiscreción.

Les pregunté a las mujeres: "¿A cuántas de ustedes les gusta mirar los teleteatros?" Todas levantaron la mano y escuché voces que decían "a mí sí" y podía ver que las guardas se estaban empezando a poner nerviosas a tocar las armas, pero seguí igual:

"Es maravilloso que lo admitan. Cuando hablo en las iglesias y les pregunto a las mujeres cristianas si ven teleteatros, nadie quiere admitirlo. Por eso ustedes están aquí, por ser tan honestas."

Ahí empezaron las carcajadas. Se rieron y aplaudieron y podía ver que estaba haciendo justamente lo que la capellana me había advertido que no hiciera. No había duda de que había provocado una reacción. Podía ver que las guardas estaban cada vez más preocupadas y que la capellana estaba en el fondo, agarrándose la cabeza, pero también podía ver que las mujeres estaban conmigo. Así que seguí y les conté que una amiga mía, que era adicta a los teleteatros había encontrado un recorte que quería compartir con ellas. Era un relato ingenioso que usaba el título de todos los teleteatros que salían

en los Estados Unidos para dar un mensaje evangelístico sobre el
poder transformador de Jesucristo.

Cuando terminé podía sentir el entusiasmo en el aire pero
entonces me acordé de las reglas de la capellana y pensé: *Ay, hice
todo mal... dije todo lo que no tendría que haber dicho... no tendría que haber mencionado cadena perpetua ni libertad condicional. No tendría que haber pedido que levantaran la mano...
no quiero volver nunca... ¿para qué habré venido? Señor, no tendría que haber venido. ¿Por qué me hiciste venir?*

Estaba parada ahí, sintiéndome como un fracaso total, cuando
todas las mujeres se pararon y empezaron a salir. Pero al pasar, cada
una de ellas ME TIRO UN BESO. ¡Qué experiencia alentadora! No
había querido ir a hablar en una prisión para mujeres. Había dicho
que no les podría ayudar, pero mi historia les había alentado y ellas
me habían reanimado a mí.

La capellana se acercó y yo estaba segura de que me venía a
reñir por lo que había pasado pero me dijo entusiasmada: "Nunca
tuvimos una demostración de cariño tan grande de parte de estas
mujeres."

Un par de días después llegó una nota de la capellana Lelia
Mrotzek:

Querida Bárbara:

¡Que si he estado ocupada! No porque haya estado atrasada,
sino por la maravillosa respuesta a la conferencia. Es una hermosa
manera de estar ocupada. Muchas volvieron a dedicar sus vidas.
Hoy vino una muchacha para decir que se sentía muy alentada y
que se sentía muy cómoda aquí. Es probable que no haya tenido
mucha paz en su vida. Dijo: "Voy a volver el domingo." Espero
que no se desilusione demasiado cuando yo predique. Las
delegadas también han venido para compartir lo bendecidas que se
sintieron. Ya ve usted, todavía ocurren los milagros... ¡hasta las
delegadas escucharon!

Varias de las mujeres también me escribieron después y les mandé unos materiales. Pensé nuevamente acerca de cómo me había
resistido para ir a hablar en una prisión y después de cómo había
deseado no haber aceptado. Sencillamente no había creído que
podía lograr algo entre esas "criminales empedernidas". Pero Dios
les ablandó el corazón y porque ellas recibieron aliento, yo también lo
recibí. En un modo muy pequeño, había sido una Onesífora, llevando

aliento a una prisión oscura donde el ánimo es tan raro como una
sonrisa.

Cómo ser un Onesíforo

Vivir como Onesíforo no siempre es fácil pero siempre vale la
pena. En un artículo sobre Onesíforo en *Discipleship Journal*
(Revista de discipulado) (1986, No. 35), Stephen S. Hopper, un
pastor de Grass Valley, California, describe lo que hace falta para ser
un ministro eficaz del aliento. En primer lugar, hace falta un interés
genuino y *constante* por los demás. Onesíforo no visitó sólo una vez
a Pablo en la prisión; volvió vez tras vez. En otras palabras, hizo el
seguimiento. Mucha gente dice: "Si hay algo que pueda hacer,
llámame." Por supuesto que la persona que está sufriendo casi nunca
llama y con demasiada frecuencia el que ofreció la ayuda tampoco se
molesta en cerciorarse de su progreso. Si quieres ser un Onesíforo,
no esperes hasta que los amigos necesitados te llamen, ¡llámalos tú!

Para ser un Onesíforo, hay que ser constante. Onesíforo buscó
diligentemente a Pablo (ver 2 Tim. 1:17). No quiso esperar hasta
que tuviera un rato libre o hasta que estuviera "por el barrio". Siguió
caminando la segunda milla hasta poder llevarle ánimo y aliento.

Las oportunidades para animar y alentar a los demás están por
todas partes. Seguramente conoces a alguien que está...

* En una situación desconocida, como un nuevo trabajo, o estu-
  diando lejos de casa.
* Cansado de todo.
* Solo y preguntándose si hay alguien que se interesa por él.
* Experimentando una desilusión o un desaliento.
* Inseguro en cuanto al futuro por mala salud, problemas de
  trabajo o un sinfín de otras razones.
* Bajo tremenda presión o dolor.

Si el nombre o el rostro de alguien te hace pensar, detente ahora
mismo y haz planes acerca de cómo ser un Onesíforo para esa
persona en los próximos días, o tal vez en los próximos minutos.

Recibo muchas cartas que me dicen que vale la pena. Una de las
más especiales decía:

> Querida Bárbara:
>
> Tenía que contarte cómo Dios usó tu boletín de septiembre
> para ayudarme. El 29 de septiembre el médico me llamó, muy

inesperadamente, para decirme que el lunar era maligno. Yo tenía un melanoma raro, de alto riesgo, y necesitaría más cirugía. Colgué el teléfono, me senté a la mesa de la cocina y ahí encima de la pila de correspondencia por abrir estaba el boletín de Espátula de septiembre. Mi vista cayó sobre el dibujo de la mujer que estaba atada a las vías del ferrocarril con: "No recuerdo haber pedido esto." Empecé a reír y volví la cara a mi Padre celestial y dije: "Señor, ¡qué cierto!" Qué sentido del humor que tiene el Señor. Ese dibujito hizo que un momento tenso fuera pasable.

No le había pedido al Señor el dolor constante que dos (de cuatro) hijos rebeldes nos han causado, pero su gracia sustentadora ha sido suficiente para cada día. No le había pedido el nieto que estamos criando (de 4 años y medio) con parálisis cerebral, pero Dios lo convirtió en un precioso y amoroso rayo de luz que me ha mostrado mucho de su corazón amoroso. Y no le había pedido a Dios ese cáncer, pero sabía que me iba a acompañar durante esa experiencia, y lo ha hecho. El médico lo sacó "todo", el injerto de piel funcionó y estoy mejorando día a día sin temor al futuro.

Gracias por el ministerio que suple una variedad de necesidades cuando estamos sufriendo y nos trae alegría al corazón.

Es cierto que ninguno de nosotros puede recordar haber pedido lo que la vida nos ha dado. Pero podemos tenderle una mano a los demás y animarlos en medio de lo que los está oprimiendo (¡o que ya los ha aplastado!). Y al hacerlo, *siempre* seremos reanimados nosotros también.

Uno de los Proverbios de Dios dice: "La congoja abate el corazón del hombre, pero la buena palabra lo alegra" (Prov. 12:25). Después de ayudarme a animar a otros por años, Dios por fin me mandó esa "buena palabra" y voy a compartirla en el próximo —y último— capítulo.

Pensamientos adicionales

EL MINISTERIO DE LAS CARTAS

Señor, a veces pienso
que no puedo apretar una tecla más.
No puedo escribir un párrafo ni una palabra más.
Ni siquiera puedo poner un punto
al final de la oración.
Miro la gruesa pila
de cartas por contestar
y parece todo tan inútil,

lleva tanto tiempo y no termina más.
No puedo pensar ni concentrarme.
Lo que escribo parece vacío, sin vida.
Lucho por tener pensamientos coherentes.
Sin embargo, sé que debo seguir.
Me he comprometido
a un ministerio de escribir...
¡De escribir cartas!
Y muchas veces, Señor, cuando empiezo a cuestionar
mi compromiso personal
me mandas un rayo de esperanza...
Un arco iris individual.
Alguien me para para decirme:
"Hace diez años, cuando más lo necesitaba,
me mandaste una carta de aliento.
La he leído cien veces.
Está gastada y manchada de lágrimas
Pero siempre la atesoraré."
Señor, ni siquiera recuerdo haber escrito.
ha pasado tanto tiempo.
Pero no importa.
Nuevamente veo el valor del ministerio
así que voy a seguir.
Pero primero, Señor,
tengo que ponerle un punto a la oración
que escribí con tanto cansancio hace sólo una hora.

Ruth Harms Calkin[1]

DIAS DE PAN Y AGUA

Los días de crisis no siempre son los más difíciles de soportar.
Son los días de "pan y agua". Los días comunes, de poca o ninguna consecuencia. Los días ordinarios sin ningún interés especial.
Aburridos. Sin color. Sin fascinación. Sin espectacularidad. Sin diversión. Los días que todos tienen que vivir.
Los vivimos. Avanzamos por la maraña de actividad tediosa y
personas ásperas que pueblan nuestro día y nadie nos aplaude
porque es lo que se supone que tenemos que hacer.

[1] De *Lord, It Keeps Happening and Happening* (Señor, sigue volviendo a suceder) de Ruth Harms
Calkin, copyright 1984 Tyndale House Publishers, Inc. Usado con permiso. Todos los derechos
reservados.

No así en los días de crisis. La gente tiende a acercarse con apoyo amoroso. Nos elevamos por encima de la crisis y a veces recibimos fuerza más allá de la comprensión humana.

En los días de "pan y agua", después de la crisis, puede parecer que los amigos nos han abandonado, que a Dios ya no le importa. Pero la realidad será que la vida sencillamente nos ha empujado a nosotros y a nuestros amigos un paso más adelante en el camino del crecimiento cristiano.

El Dios de los tiempos de crisis también es el Dios de los días de pan y agua. Porque él ha dicho que lo es. Porque él guarda sus promesas, siempre. Porque no podemos sin él. Y porque, aunque pudiéramos, no querríamos hacerlo.

Fuente desconocida

Mi futuro es tan brillante que tengo que usar lentes obscuros para no quedar deslumbrada

*"... el deseo cumplido
es árbol de vida."*

Proverbios 13:12

Era un lunes más atareado de lo normal, a principios de mayo de 1986. Me había pasado el fin de semana anterior en una conferencia de tres días, para mujeres, patrocinada por Juventud para Cristo en Arrowhead Springs, California. Ahora estaba de vuelta en casa, preparándome apresuradamente para salir casi de inmediato en un viaje largo a Minnesota, donde daría una charla en la capilla de la Asociación Evangelística de Billy Graham, además de en varios banquetes para el Día de la Madre en iglesias de la zona.

El viaje significaba no estar en casa para el Día de la Madre, pero no parecía tener demasiada importancia. Barney y su familia iban a pasar antes de que saliéramos para desearme un feliz día de la madre y Larry... bueno, Larry no me había llamado en cinco días de la madre consecutivos. Se había ido sin una palabra ni un rastro desde enero de 1980, así que ya me había acostumbrado, o por lo menos eso creía.

156

Y entonces, mientras estaba preparando las valijas y repasando los apuntes de las charlas que daría a los padres sobre la manera en que tenemos que dar nuestros hijos al Señor y dejarle los resultados a él porque Dios nunca da la puntuación de una vida hasta que termina el partido, ¡sonó el teléfono!

¡Era Larry! La voz que tanto había querido escuchar por tantos años me dijo:

—Quiero ir a darte un regalo para el Día de la Madre.

¡Qué sorpresa! Quedé paralizada por el miedo. Mi primera reacción fue: *¿Por qué ahora? ¿Por qué quiere traerme un regalo? Seguro que me va a decir que se va a casar con su amante... o que tiene SIDA.*

No sabía qué decir, así que balbuceé:

—Bueno, Larry, no sé, estoy tan ocupada preparándome para salir en un viaje importante... tengo muchos compromisos... no sé si tenemos tiempo... un momento, déjame hablar con papá...

Cuando miro atrás a esta conversación puedo ver la ironía, pero en ese momento estaba confundida, buscando tiempo para reaccionar. Durante seis años les había hablado a grupos por todo el país, diciéndoles a los padres que Dios les traería a los hijos de vuelta de ese "país lejano" y ahora mi *propio hijo* por fin estaba en el teléfono, y yo le estaba diciendo que estaba DEMASIADO OCUPADA para verlo, ¡porque tenía que salir para hablar acerca de tener esperanza y gozo cuando los hijos nos desilusionan!

Puse la mano sobre el teléfono y le dije a Bill:

—¡Es Larry! Quiere venir para darme un regalo para el Día de la Madre. No estoy segura si lo debería dejar venir... ¿y si quiere decirnos que se va a casar con su amante... o algo peor todavía?

El señor Bonfi me miró y dijo sin titubear:

—¡Dile que venga!

Me di cuenta de que Bill no iba a hacer nada para salvarme, así que le dije a Larry, tratando de sonar lo más contenta y tranquila que podía:

—Está bien... puedes venir.

La próxima hora pasó arrastrándose. Larry había dicho que estaba a unos setenta y cinco kilómetros pero yo seguía preguntándome si realmente vendría. Y después me preguntaría si todo había sido una pesadilla. Podía aconsejarles muy bien a los otros padres, ¡pero ahora me tocaba a mí! Era demasiado bueno (o malo) para ser de verdad.

Cuando sonó el timbre, pegué un salto. ¿Cómo pudo haber llegado tan RAPIDO? Abrí la puerta, y ahí estaba Larry, erguido, con una mirada clara que no le había visto en once años. Pero no tenía ningún regalo en la mano y el corazón se me contrajo. Había venido para darme alguna noticia como regalo, y ¿qué tipo de noticia sería? ¿Me dejaría contando las rosas del empapelado otra vez? Lo invité a que pasara, cautelosamente, con un abrazo mecánico, preguntándome si debería hacer algún comentario sobre el regalo ausente. Al sentarnos en la sala de estar, pude ver grandes lágrimas en sus ojos, y oí las siguientes palabras:

—Quiero que me perdonen por los once años de dolor que les he causado. La semana pasada fui a una conferencia avanzada de Conflictos Juveniles Básicos y yo... yo volví a dedicarle mi vida al Señor. Tomé toda la evidencia de la vieja vida, las fotos y todo lo que tenía que ver con mi estilo de vida —todo— y lo quemé, y mientras todo se iba quemando, sentí el alivio total por primera vez en once años. Estoy libre de la esclavitud en la cual vivía, y Dios realmente me ha limpiado. Ahora puedo presentarme limpio ante el Señor.

¡Qué regalo glorioso para el Día de la Madre! ¡Un regalo envuelto en AMOR!

Y entonces Larry me dio una yapa con la noticia acerca del joven con el cual había estado viviendo. La noche después de que Larry arregló su vida con el Señor, el amigo fue a la conferencia y recibió a Cristo como Salvador.

Este joven era un nuevo creyente y mi hijo había vuelto a dedicar su vida al Señor. Nos quedamos sentados por un largo rato, abrazados. Nos había pedido perdón y nosotros necesitábamos el suyo también por haber fracasado en comprender su dolor. Estábamos rebosando de gozo por tenerlo de vuelta y ese día comenzó una restauración en nuestra familia que todavía está en marcha.

Me inundó el gozo

Larry se quedó por más de dos horas y nos reímos y lloramos y nos abrazamos y compartimos. Durante años había estado hablando de tener gozo y de cómo el gozo es como si Dios estuviera viviendo en la médula. Ahora el gozo me estaba inundando en grandes olas. Todos los versículos que había estado citando a los otros padres surgieron para cantar alabanzas en mi propio corazón.

"La esperanza que se demora es tormento del corazón, pero el deseo cumplido es árbol de vida" (Prov. 13:12). La esperanza se había demorado once años. Desde esa noche junto al mástil en Disneylandia en 1975, había orado y esperado, pero mi corazón había estado pesado. Había encontrado el gozo donde podía hacerlo;

no había permitido que la angustia me dominara, pero ahora sentía vida y gozo en cada célula del cuerpo.

"Hay esperanza para tu porvenir; tus hijos volverán a su territorio, dice Jehováh" (Jer. 31:17). Durante once años, había orado y esperado que Larry volviera al Señor. Las promesas como ésta fueron lo único que me daba algo de esperanza verdadera. Y ahora había "vuelto a su territorio" después de haber estado perdido en el de la homosexualidad.

"...y el valle de Acor[1] será como puerta de esperanza" (Oseas 2:15). Dios no sólo había transformado mi "valle de destrucción" en una puerta de esperanza, la había abierto de par en par y Larry había vuelto a entrar a nuestra vida por ella.

"... pero la descendencia de los justos escapará" (Prov. 11:21). ¡Qué promesa para los cristianos que se dan cuenta de que su justicia o santidad sólo vienen por creer en Jesucristo! Dios había rescatado a mi hijo. Nuestra relación quebrada estaba siendo sanada.

El siguiente día salimos para Minneápolis, donde pensábamos quedarnos con mi hermana Janet y su esposo Mel, que trabaja como ministro y evangelista por la radio. Estaba segura de que podría haber volado ahí con mis propia alas, pero Bill me convenció de que deberíamos tomar un avión. Le dije a Bill que no les contara del regreso de Larry porque quería guardarlo como sorpresa para cuando hablara en el banquete programado en su iglesia la próxima noche. Pero cuando llegamos y Janet nos recogió en el aeropuerto, Bill no podía contenerse y explotó: "Bárbara tiene un secreto pero no te lo va a contar hasta después."

Por supuesto que Janet no se dio por vencida hasta que me lo hizo decir. Y cuando le dije que Larry había vuelto y había pedido perdón, lloró de gozo. La reacción de Mel fue ponerme en el programa de radio a la mañana siguiente para dar él la noticia antes del banquete.

La noche siguiente, en el banquete, cuyo tema era el Día de la Madre, compartí el regreso de Larry y la paz y el gozo total que Bill y yo teníamos por primera vez desde que comenzara nuestro largo paréntesis de once años en 1975. Les expliqué que después de que Larry había vuelto la primera vez, habíamos vivido en una especie de vacío, sin mencionar el problema y dando por sentado que todo estaba bien. Antes de irse la segunda vez, nos había tirado la Biblia

---

[1] Acor significa destrucción, en contraste con esperanza. Nota del editor.

en la cara y nos había repudiado. Ahora, después de un total de once años, Dios había quitado los signos de paréntesis y estábamos libres.

La reacción a mi noticia fue dramática: muchas lágrimas, sonrisas y hasta aplausos. Cada madre en la sala se identificaba con mi gozo y una madre, que se había querido morir después de enterarse poco antes de que su hijo era homosexual, se levantó y compartió que ahora tenía una nueva esperanza por lo que había pasado con Larry.

La fe es una prima lejana

Hablé varias veces más ese fin de semana del día de la madre antes de regresar a casa para volver a salir para alentar a algunos grupos de ESPATULA en la zona de Seattle con nuestra maravillosa noticia. El boletín *La línea de amor* de julio de 1986 fue especial, dedicado a compartir la noticia del regreso de Larry.

Larry hasta contribuyó al boletín. Les escribió a todos nuestros amigos de ESPATULA y dijo:

> Mi madre me ha contado del sinfín de personas que han orado por mí todos estos años. ¡Alabado sea Dios por su fidelidad!
>
> Estoy seguro de que muchos de ustedes se estarán preguntando lo que obró un cambio así en mi vida. Lo único que puedo decir, brevemente, es que cuando fui a la conferencia de Juventud Básica dirigida por Bill Gothard, descubrí la victoria que tenemos en Cristo y el poder de ser librados de la impureza moral y de la amargura.
>
> He vivido muchos cambios durante las últimas semanas desde que volví a dedicarle mi vida a Cristo. Sólo puedo decir que estoy verdaderamente agradecido de que Dios, en su misericordia, me ha perdonado y estoy esperando poder servirle.

Esa edición de *La línea de amor* también incluía una nota de felicitación escrita personalmente por el doctor James Dobson un par de meses antes. Como se puede ver, se entusiasmó tanto que se le acabó el espacio:

50 E. Foothill Blvd., Arcadia, CA 91006 • (818) 445-1579

Mayo 28, 1986

¡ Hola Barb!

FELICIDADES

Compartimos tus
maravillosas noticias
con corazones agradecidos.

Jim

Dedicated to the Preservation of the Home • James C. Dobson, Ph.D., President

Ese boletín generó una gran cantidad de correspondencia ya que muchos participantes de ESPATULA escribieron para expresar el gozo que sentían por mí. Pero mientras todas estas charlas y cartas acerca del regreso de Larry estaban dando vueltas, tuve una reacción que me dejó con las viejas dudas y los viejos temores. ¿Y si Larry de repente volviera al viejo estilo de vida? Después de todo, había muchos residuos de todos esos años de vivir en rebeldía y pecado. ¿Cuánto tarda la renovación de la mente? Sencillamente no lo sabía.

Al principio, cuando Jim Dobson me llamó y me invitó para estar en su programa de radio "Enfoque a la familia" para hablar de Larry, titubeé. Me pregunté si estaba lista para aparecer por radio o por televisión nacional para compartir eso con "todo el mundo". Tal vez debería esperar hasta que pasara un tiempo, para estar segura de que Larry realmente hubiera abandonado la antigua vida de una vez por todas.

Larry había vuelto, y yo me regocijaba de que me hubiera pedido perdón y que el ser perdonado significara tanto para él. Eso era esencial a mi parecer porque sabía que Dios obraría sobre esa base. Llevaría tiempo para saber a ciencia cierta si su arrepentimiento y sus lágrimas durarían. Supongo que no soy una mujer de mucha fe. Para mí el gozo y la esperanza van juntos; son hermanos. Pero para mí la fe es algo así como una prima lejana. Se me ha dicho que tengo el don del gozo, pero la fe no ha sido mi don, así que la tomo prestada de aquellos a quienes les sobra.

Larry y yo grabamos un casete juntos

Pero con el pasar de las semanas, mis temores se fueron aplacando, y acepté ir al programa del doctor Dobson en octubre. Justo antes de la emisión de "Enfoque a la familia", hice un casete con Larry para compartir con la familia ESPATULA. Nos reunimos en su departamento, desde el que se divisa el centro de Los Angeles, y compartimos nuestras reflexiones acerca de lo que había ocurrido y lo que sentíamos ahora que él había estado de vuelta por varios meses.

En ese casete él compartió lo que había causado el cambio. Era obvio que la culpa lo había estado persiguiendo durante once años, y él había añorado la restauración de nuestra relación. Había ido a la conferencia avanzada de Conflictos Juveniles Básicos dirigida por Bill Gothard y todos los principios y los valores que había rechazado tan violentamente once años antes habían vuelto a echar raíces de una manera nueva y maravillosa. Como dijera Larry: "O Dios nos da la gracia para sobreponernos a esas cosas, o nos volvemos amargados.

Pienso que Conflictos Juveniles Básicos me enseñó a sobreponerme a esa amargura y poder volver a disfrutar de la gracia de Dios."

Larry también habló de lo importante que había sido pedir el perdón de sus padres. Había aprendido un principio muy importante: "Si no se puede reaccionar correctamente a los padres, no se puede reaccionar correctamente a los demás."

También compartimos mucho acerca de nuestros fracasos: los suyos y los míos. Si hay algo que necesita el hijo homosexual cuando sus padres se enteran de su orientación, es el amor incondicional. Pero es muy difícil dar amor incondicional en esos primeros momentos de estar completamente devastado y emocionalmente sobrecogido.

Larry citó un Salmo que promete: "Cercano está Jehovah a los quebrantados de corazón; él salvará a los contritos de espíritu" (Sal. 34:18). Y después dijo: "Todos tenemos fracasos en algún área de la vida, pero es muy importante comprender que debemos admitir esos fracasos ante las personas a las cuales les hemos fallado y tratar de iniciar la restauración en nuestra vida... Ese es el milagro del poder que Cristo nos da... de poder transformar derrotas en victorias."

Al avanzar la entrevista, le dije a Larry lo maravilloso que era empezar el día sabiendo que el pasado terminó y que ni él ni yo tenemos que vivir esclavizados por los tristes recuerdos del pasado.

"Es porque hemos podido perdonarnos el uno al otro", contestó Larry. "El perdón es algo muy poderoso: la capacidad de perdonar y la capacidad de ser perdonado. Cuando alguien se acerca y dice: 'Estuve equivocado en lo que te hice; ¿puedes perdonarme?', eso es algo muy poderoso... porque libera una carga de culpa... Lo que le impide a la gente hacerlo es su propio orgullo, su propia incapacidad de decir: 'Cometí un error; me equivoqué'. Ahora bien, muchos padres no quieren hacer eso, pero cuando un hijo ve que el padre no está dispuesto a admitir sus errores, ¿qué puede hacerle a uno pensar que el hijo querría admitir los suyos?"

Mientras hablábamos, Larry recordó cómo nuestra propia relación se había vuelto tirante hasta el punto de la ruptura total cuando por primera vez me enteré de su tendencia. "Algunas de las cosas que dijiste fueron terribles", recordó. "Palabras imprudentes, como una espada hiriente."

Yo también me acordaba de esos momentos devastadores. Ese horrible domingo por la tarde yo había dicho que hubiera preferido que estuviera muerto antes que ser homosexual. Por eso le digo a la gente que se meta una media en la boca y que no diga nada por seis meses si no quiere decir cosas que no debe durante ese estado de pánico, cuando está totalmente desconectada.

Al seguir con nuestra discusión, le pregunté a Larry lo que debería hacer un padre si el hijo lo llama para decirle que tiene SIDA, ¿cómo deberían encarar los padres esa situación? Su respuesta señaló la única esperanza verdadera que puede haber en este mundo caído. Dijo:

"Los padres deberían recordar que son cristianos y que adoran a un Dios de liberación, no de muerte. Dios quiere revelarse sobrenaturalmente al mundo, y la única manera que lo puede hacer es a través de cristianos, a través de la gente que lo ama y que lo adora. Vivimos en tiempos aterradores, pero como cristianos tenemos el poder sobre la muerte y el pecado, igual que Cristo."

Al concluir la entrevista, le pregunté a Larry qué había en el futuro para él. Había arreglado su vida con Dios y pensaba servir al Señor. ¿Qué creía que Dios tenía en mente para su vida? Contestó:

"Sólo sé que si me propongo de corazón ser amoroso en todo lo que hago, el Señor va a mostrarme esas cosas y confío en ello. Sé que mientras estoy en su Palabra, y hago lo que él cree que es bueno, y tengo gozo y gratitud por todo lo que me ha dado, no tengo que temer el futuro."

Esa entrevista con Larry me alegró el corazón y pude hacer el programa con el doctor James Dobson unos días después con gozo confiado. En cierto momento le dije al doctor Dobson y al público: "Estamos en un peregrinaje para ser sanados; los que van más adelante en el camino pueden tender una mano para ayudar a los que van más atrás. Así debe ser."

Me interrumpió para preguntarme: "¿Quieres decir que puede llegar el día en que un padre pueda tender la mano para ayudar a otro?"

"Lo garantizo", les dije a los oyentes. "Después de varios meses de caminar en el túnel, se ve una luz en la otra punta y no es un tren lo que viene. Esa luz es el amor de Dios y la luz de Dios que nos ilumina, y mientras pasan por esto y empiezan a sanar, esa carne viva va a empezar a curarse con el amor de Dios y van a poder tender la mano hacia atrás y alcanzar a otra persona que está donde nosotros estábamos antes. Ese es todo el propósito de nuestro ministerio, poder darle una mano a los que están en ese largo túnel y ayudarles a cruzar por él. ¡Lo hemos visto suceder cientos de veces!"

El nuevo gozo nos dio nueva energía

El regreso de Larry nos inspiró para poder seguir trabajando aún más diligentemente para ayudar a los padres en su largo y oscuro túnel de desesperación. Las cartas seguían viniendo y las palabras de una madre me tocaron especialmente, porque ella contó no de un hijo que había dicho ser homosexual, sino de dos:

> Querida Bárbara:
>
> Cuando mis dos hijos (mellizos) me dijeron hace dos meses que eran homosexuales, me quise morir. ¡Morir de verdad! Pensé en el suicidio pero era demasiado cobarde. Estaba triste, enojada, dolorida y muy confundida. ¿Dónde nos habíamos equivocado? Los habíamos mandado a escuelas cristianas. Iban al templo, tenían buenos amigos cristianos. ¿Qué había pasado? Lo único que se me ocurrió fue llamar a una amiga por larga distancia. Lo hice, y gracias al Señor que lo hice. Me dijo que me iba a mandar un libro. Llegó unos tres días después: *¿Dónde renuncia una madre?*
>
> Tenía plomo en la cabeza. No podía concentrarme para leerlo. Mi esposo maravilloso empezó a leérmelo. Cuando comenzó a leer, me di cuenta de que no estaba sola.
>
> Ese libro me salvó la vida. Cada sentimiento que usted expresó en ese libro, yo lo estaba sintiendo en ese momento. Poco a poco empecé a revivir. Nuestros hijos también estaban sufriendo. Empezamos a hablar del problema abiertamente. Los amaba mucho. Lloramos juntos. Son jóvenes *especiales* y siento que el Señor tiene algo grande para ellos.
>
> Ahora sé, como dijo usted, que las únicas dos cosas que podemos hacer son amarlos y orar por ellos... Sí, todavía hay días difíciles, pero estoy aprendiendo a poner las cosas en las manos de Jesús... ¡Adelante con el buen trabajo!

En doce años de ayudar a padres, jamás había sabido de nadie con mellizos homosexuales. El dolor de esa madre era doble, pero estaba saliendo de su pozo usando dos de los principios más importantes que necesita todo padre cuando un hijo se vuelve a la homosexualidad, al alcoholismo, a la drogadicción, a la perversión sexual o a cualquier otro problema terrible que puede afectar a la familia. Estos conceptos pueden sonar casi contradictorios, pero en realidad trabajan juntos para producir el cambio y la sanidad.

*Ama a tu hijo incondicionalmente.
*Deja ir a tu hijo, déjalo al cuidado de Dios.

Me gustaría conocer a la madre del hijo pródigo. Me pregunto dónde estaba cuando su hijo estaba cuidando a los cerdos y viviendo en el chiquero. (Probablemente estaba internada en un hogar para destornillados.) ¿Qué estaba haciendo ella mientras estaban preparando el banquete de bienvenida para él?

El amor incondicional no es un amor "aguado"

Muchas veces me preguntan durante las entrevistas y los programas de charlas exactamente DE QUE MANERA puede un padre demostrar "amor incondicional". Una mujer quería saber si significaba querer a todo el mundo y "dejar que haga lo que se le da la gana". Mi respuesta es que eso sería un amor "aguado", sin ninguna sustancia ni fibra verdadera. El asunto es que no siempre amamos lo que hacen nuestros hijos —su estilo de vida o sus valores —*¡pero los amamos a ellos!*

El amor incondicional no significa que no se pueden tener reglas acerca de lo que el hijo puede o no puede hacer en la familia. No creo que las Escrituras enseñen que debemos dejar que el pecado de una persona destruya a otra. Por ejemplo, si el hijo llega borracho o toma drogas, no se puede permitir que eso destruya al resto de la familia. Hace poco encontré un dicho que me gusta mucho:

LO MAS IMPORTANTE ES DEJAR QUE
LO MAS IMPORTANTE SIGA SIENDO LO MAS IMPORTANTE

Cuando un hijo se encuentra en dificultades, lo más importante es mantener la solidez de la relación con Dios, con el cónyuge y con los demás miembros de la familia mientras se sigue tendiendo la mano al que anda errante. Hay que decir: "Oye, te quiero, pero te quiero tanto que no voy a permitir que destruyas a la familia. Vas a tener que encontrar otro lugar. Vamos a ayudarte."

En lo posible, independicen al hijo si tiene más de dieciocho años y puede trabajar. Apóyenlo y ámenlo en cada manera legítima que puedan, pero no mantengan el pecado que lo tiene agarrado. Hagan saber a su hijo que el hogar es un lugar amoroso y cálido, pero no es una incubadora para comportamientos inmaduros. No hay que forrar el chiquero para el hijo cuando debiera vivir por su cuenta propia.

Si el hijo es menor (de dieciocho años), recuerden que ustedes todavía están a cargo del hogar. Ustedes todavía dictan las reglas y, repito, pueden tener reglas para su hogar y todavía tener amor incondicional para un hijo rebelde. Pueden establecer límites, cerrar puertas y tirar cosas que no tienen lugar ahí. Ustedes no tienen que tener a alguien en el hogar haciendo cosas que ustedes no quieren que hagan y esparciendo dolor y pecado por toda la casa.

Este consejo suena sencillo pero me doy cuenta de que no es fácil de poner en práctica. La clave está en ser firme y mantener sus normas, pero al mismo tiempo mostrar al hijo un amor y una compasión incondicionales. En mi experiencia he encontrado que ese amor incondicional sólo viene de la oración constante. "Orar" frecuentemente se ofrece como la gran respuesta cristiana a todo, como si Dios fuera a resolver todos los problemas mágicamente si tan sólo oramos con la frecuencia suficiente. Yo no creo eso, pero sí creo que la oración es la base para la respuesta a lo que está rompiendo y desgarrando a la familia. Con frecuencia les cito este pequeño poema a las madres, y ellas lo comprenden. Puede sonar "sentimental" pero creo que contiene una gran verdad teológica:

LOS MANTOS MATERNOS

> Cuando eras pequeño
> y estabas al alcance de mi mano,
> te cubría con mantas
> contra el frío aire nocturno.
> Pero ahora que estás grande
> y fuera de mi alcance,
> doblo las manos
> y te cubro con la oración.

Fuente desconocida

Nunca dejes de amar a tu hijo

El finado Joseph Bayly, que escribió muchos buenos libros y artículos cristianos durante su larga carrera, una vez compartió sus sentimientos acerca del "rebelde" en su propia familia. De entre cinco hijos, tenía uno que decidió rebelarse durante un período de cuatro o cinco años, desde los últimos años de la adolescencia hasta principios de sus veintes. Después de un año en un colegio cristiano, declaró su independencia, cortó todas sus raíces y se fue haciendo auto-stop por todo el país para vivir su propia vida en la costa del Pacífico.

Con el hijo a medio continente de distancia, Joseph Bayly se deprimió, pero su esposa, Mary Lou, le dijo: "Tenemos que orar todavía más. *Nosotros no estamos* en San Diego con nuestro hijo, pero *Dios sí está.*"

¿Qué es la oración sino volverse a Dios? Y nada puede hacer que un padre se vuelva a Dios más rápidamente que un hijo errante. Después de todo, cuando un hijo se rebela y está totalmente fuera de control, ¿adónde se puede ir? Estos son los momentos cuando se puede crecer en la fe. Sin embargo, tengo que admitir que soy mejor con la esperanza y el gozo que con la fe.

Joseph Bayly también hizo una pregunta muy provocadora: "¿Realmente significa mucho la fe si no es probada, si no es ejercida en la oscuridad?" Para contestar su propia pregunta, cita Hebreos 11:1: "La fe es la constancia de las cosas que se esperan y la comprobación de los hechos que no se ven."

Bayly sigue diciendo que Dios no nos repudia cuando nos rebelamos en contra de él. Más bien, "El siempre está ahí, esperando con los brazos abiertos para que volvamos. El es el Padre que espera." Del mismo modo, "nosotros debemos ser los padres que esperan con el amor y los brazos extendidos. Aunque mientras tanto pasen años de desilusión y ansiedad".

Para amar a tu hijo, déjalo ir

Puede causarle confusión a algunos padres, pero para amar al hijo incondicionalmente también hay que DEJARLO IR. ¿Cómo se puede amar al hijo y soltarlo al mismo tiempo? La respuesta: ¡Dárselo a Dios!

Los padres me preguntan una y otra vez: "¿Cómo puedo darle mi hijo a Dios?" Yo les explico cómo lo hice yo el día que dije: "Sea lo que fuere, Señor ..." pero muchos padres están en un torbellino emocional tal que necesitan una ilustración para ayudarles. Encontré una ilustración así hace poco, algo que a lo mejor puede ayudarles mentalmente a entregar su hijo a Dios.

Imagina que estás poniendo a tu hijo en una caja de regalo. Después envuelve la caja con un papel hermoso y una cinta. Enseguida imagina el trono glorioso de Dios que está al final de una larga escalera. Imagina que estás subiendo esa escalera llevando tu hermoso paquete.

Deja el paquete a los pies de Jesús, que está sentado en el trono. Espera ahí mientras él se inclina, levanta el paquete y lo pone en su regazo. Enseguida él quita la envoltura, levanta la tapa y toma a tu hijo.

Mira mientras Jesús envuelve a tu hijo en sus brazos amantes y lo abraza. Cuando hayas visto cómo Jesús lo tiene, baja la escalera, parando en el camino para asegurarte de que Jesús todavía tiene a tu hijo en sus brazos. Después sigue bajando, agradeciéndole a Dios por encargarse de todo.

Le has dado tu hijo pródigo al Señor. Ya no está en tus manos. Ahora estás listo para pedirle a Dios que haga lo que sea necesario para ayudar a tu hijo. A lo mejor tendrás que ver circunstancias que parecen destrozarte, pero Dios se encargará de alcanzar a tu rebelde, muchas veces de forma muy dramática. Cada vez que te sientas tentado a volver a tomar el control, practica este ejercicio mental. Recuerda el momento específico en que le presentaste tu hijo al Señor como un regalo y él lo recibió con amor fiel.

No digo que sea fácil. La parte más difícil es soltarlo. Una vez que lo soltamos, es más fácil permitirle a Dios que haga lo que tiene que hacer.

Durante los años que Larry no estaba, especialmente durante su segunda ausencia, daba charlas a diferentes grupos y la gente me preguntaba:

—¿Cómo está su familia ahora?

Yo contestaba:

—Bueno, ninguno de mis dos hijos ha resucitado y el tercero todavía está practicando la homosexualidad.

—¿Cómo puede estar tan contenta y tener tanto gozo? —quería saber la gente.

Y mi respuesta siempre era la misma:

—Es porque se lo he entregado todo al Señor. He dicho: "Sea lo que fuere, Señor". Se lo he entregado al Señor y tengo que ocuparme en seguir viviendo.

La convicción de Dios marca la diferencia

Si vamos a permitirle obrar a Dios, debemos tener menos temor y más confianza en Cristo. Muchas veces me preguntan si los homosexuales pueden cambiar completamente. Muchos cristianos creen que la homosexualidad es como cualquier otro pecado, que es una cuestión de elección y que todo lo que el homosexual tiene que hacer es "arreglar las cosas con Dios" y su orientación se volverá heterosexual.

Durante los últimos años he conocido a cientos de jóvenes homosexuales, muchos de los cuales son cristianos. Amo a esos jóvenes y creo que la mayoría de ellos no quieren tener sentimientos homosexuales. No los pidieron. No creo que nadie pediría ser homosexual dado que hay tanta aversión y rechazo. Pero por algún motivo que ni los expertos entienden, algo ha ocurrido en el núcleo de su personalidad.

Aunque nadie realmente sabe lo que causa la homosexualidad, muchos creen que este fenómeno puede ser inducido por muchas cosas diferentes. Sin embargo, el hecho de sugerir que puede haber varias causas por la homosexualidad no significa que el cristiano puede aprobar la conducta homosexual.

No es malo tener sentimientos homosexuales; lo malo es *ponerlos en práctica* en un estilo de vida homosexual. Hay aquellos que tienen sentimientos homosexuales pero nunca los ponen en práctica. Viven su vida, sabiendo que tienen una zona muy vulnerable con la cual siempre tendrán que luchar, así como todos tenemos zonas en la vida que son más vulnerables que otras. Pero creo que Dios nos dará a todos, aun al homosexual, la gracia para vivir una vida pura y poder estar limpios ante el Señor.

La mayoría de los homosexuales a los cuales me estoy refiriendo han tenido padres cristianos que trataron de criarlos correctamente y esos padres sencillamente no entienden lo que pasó. Yo tampoco entiendo. Como leemos en el libro de Deuteronomio: "Las cosas secretas pertenecen a Jehovah nuestro Dios" (Deut. 29:29). La mayoría de estos jóvenes jamás habría escogido la homosexualidad, pero por alguna razón algo se confundió y no salió como debía, algo así como una flor que no se abrió. En vez de florecer correctamente, su sexualidad se invirtió. Nadie tiene la culpa; es algo que ocurrió.

Con un buen asesoramiento y el amor de los padres, la familia y la iglesia, creo que los homosexuales pueden vivir una vida pura sin poner su orientación en práctica. Sin embargo, el cambio de comportamiento puede depender de la motivación de la persona y la profundidad de su compromiso con el estilo de vida homosexual.

Sabemos que el estilo de vida homosexual conlleva un comportamiento muy atrincherante, pero no podemos meter a Dios en un molde y decir que tiene que sanar a todo el mundo de cierto modo. No podemos decir que una persona sólo es eficaz como creyente cuando está casada y tiene familia. Yo se que el Señor ha tocado la vida de mi hijo. Está limpio delante del Señor, y me entusiasma ver lo que el Señor va a hacer en su vida. Y pase lo que pase, sabemos que tiene que ser la mano del Señor en su vida. La sanidad siempre tiene que ser del Señor. Tiene que ser la mano del Señor en cualquier área, ya sea bebida, drogas o lo que fuera. La condenación no trae cambio. Sólo la convicción de Dios puede obrar un cambio en el comportamiento.

Por qué es tan brillante el futuro

El título de este capítulo fue tomado de una calcomanía que una amiga mía encontró y me mandó porque le hacía pensar en mí. Pero a mí me hace pensar en lo que dijo Larry cuando hicimos ese casete juntos en 1986. Sus palabras exactas fueron: "No le temo al futuro."

Yo tampoco, porque ahora el futuro brilla con la esperanza y el amor de Dios.

A lo mejor estás pensando: *"Eso está muy bien para ti, Bárba-ra, tu hijo volvió y está viviendo una vida pura, pero el mío todavía anda allá, vagando en un estilo de vida que puede destruirlo."* Comprendo. Por eso escribí otro libro más, para que sepas que HAY ESPERANZA.

Dios puede tomar tu tribulación y convertirla en un tesoro. Tu tristeza puede ser cambiada en gozo, no sólo en una sonrisa pasajera, sino en un nuevo y profundo gozo. Será una experiencia burbujeante de esperanza nueva que hace brillar los ojos y cantar el corazón. En medio de la oscuridad aprenderás lecciones que tal vez nunca habrías aprendido a la luz del día. Todos hemos visto los sueños convertirse en ceniza: algo feo, desesperanzado y doloroso, pero Dios cambia las cenizas en belleza.

Las lágrimas y el dolor llegan, pero cada vez Dios estará ahí para recordarte que él se preocupa por ti. Romanos 8:28 significa que Dios hace que todas las cosas de nuestra vida trabajen juntas para bien. Las flores pueden crecer hasta en el estiércol y el abono produce jardines hermosos. Dios se te ofrece a diario, y el tipo de cambio está fijo. Son tus pecados por su perdón, tu tragedia por su bálsamo sanador y tu dolor por su gozo.

Dale el dolor a Dios; dale la culpa que sientes. Las lágrimas y el sufrimiento nos llegan a todos. Son parte de la vida, pero Jesucristo puede aliviar el dolor.

Recuerda, no estás solo; muchos están en la sala de espera de Dios por lo que parece ser una eternidad, aprendiendo lecciones, sufriendo dolores y creciendo. Pero el abono que nos ayuda a crecer está en esos valles, no en la cima de las montañas.

La corona de sufrimiento de hierro va antes que la corona de gloria de oro. Así que dale tu hijo a Dios y después concéntrate en poner tu propia vida en orden. Recuerda también que tú *no eres responsable por lo que no puedes controlar* y que Dios sólo te ha llamado a ser *fiel*. No te ha llamado a ser exitosa.

La sanidad verdadera y genuina es un proceso. Hace falta mucho, mucho tiempo para resolver las heridas profundas. A veces parece que estarán con nosotros para siempre, pero el comprenderlas ayuda a disipar su dolor.

La vida no siempre es lo que tú quieres, pero es lo que tienes; así que, con la ayuda de Dios, ESCOGE SER FELIZ, y él hará que tú y tus seres queridos por fin lleguen sanos y salvos.

Pensamientos adicionales

EL LOS VERA REGRESAR

No llores más por tus hijos,
Dios los traerá al redil;
Jesús murió por salvarlos,
son amados del Señor.
El sabe cuánto los amas,
y él los ama aun más.
Mientras tu oración persista,
la puerta no cerrará.
Tus lágrimas él conoce,
y con ternura te habla
del amor que todo vence
y que a los hombres liberta.

Ponlos pues en su altar,
vete y déjalos allí:
Dios honrará tu confianza,
su cuidado seguirá.
Su mano los cuidará,
no importa donde ellos vaguen,
él no estará satisfecho
hasta verlos regresar.

Joyce Henning

Para más información acerca de los Ministerios Espátula
y el boletín *La línea de amor* escriba a Bárbara Johnson
a la siguiente dirección:

Ministerios Espátula
P.O. Box 444
La Habra, CA 90631. USA